August Tholuck

Die Botschaft vom Versöhner

Herausgegeben und eingeleitet von
Dr. Reinhard Schinzer

AUSSAAT VERLAG WUPPERTAL

ABCteam

Bücher, die dieses Zeichen tragen, wollen die Botschaft von
Jesus Christus in unserer Zeit glaubhaft bezeugen.

Das ABCteam-Programm umfaßt in seiner Hauptreihe:
A = aktuelle Themen
B = Berichte, Erzählungen, Lebensbilder
C = Christsein heute

Als Sonderreihen erscheinen Jugendbücher (J),
Werkbücher (W), Glauben und Denken (G + D).
Außerdem gibt es Geschenkbücher in besonderer Ausstattung.

ABCteam-Bücher erscheinen in folgenden Verlagen:
Aussaat Verlag Wuppertal / R. Brockhaus Verlag Wuppertal
Brunnen Verlag Gießen / Bundes Verlag Witten
Christliches Verlagshaus Stuttgart / Oncken Verlag Wuppertal
Schriftenmissions-Verlag Gladbeck

ABCteam-Bücher kann jede Buchhandlung besorgen.

© 1977 Aussaat Verlag GmbH, Wuppertal
Umschlag: Tronje Hagen, Wuppertal
Satz und Druck: Aussaat Verlag GmbH, Wuppertal
ISBN 3 7615 0239 7

INHALT

EINFÜHRUNG
Reinhard Schinzer

Das Leben August Tholucks	5
Kindheit und Schulzeit	6
Bekehrung und Festigung	7
Die Kampfzeit	10
Ernte und Alter	14
Das Wirken Tholucks	15
Der Seelsorger	15
Der Prediger	18
Der Exeget und Schrifttheologe	19
Der Dogmenhistoriker	22
Die theologischen Akzente	22

1. Auszug
VON DEM VERSÖHNER

Einleitung *Reinhard Schinzer*	25
VON DEM VERSÖHNER	29
Der Zustand der Menschheit vor Christus	33
Das Kommen des Erlösers	37
Der Begriff der Offenbarung	39
Klagen über die Verborgenheit Gottes vor Christus	49
Das prophetische Amt Christi	51
Das hohepriesterliche Amt Christi	60

Die Zweifel an der Versöhnung	66
Die Versöhnungslehre in der Kirchengeschichte	74
Die Erfahrung der Versöhnung	85
Die Folgen der Wiedergeburt	91
Vom Erkennen der Sünde	97

2. Auszug
PREDIGT ZUR SEPARATION

Einleitung *Reinhard Schinzer*	104
PREDIGT ZUR SEPARATION	106

3. Auszug
GLAUBE UND SCHRIFT

Einleitung *Reinhard Schinzer*	123
GLAUBE UND SCHRIFT	126
Das Alte Testament	130
Glauben durch die Bibel	138
Der Hunger nach Gott	149
Glaube an den Erlöser	153
Literaturverzeichnis	160

EINFÜHRUNG

Das Leben August Tholucks

Am 10. Juni 1977 jährt sich zum hundertsten Male der Todestag August Tholucks. Der Name dieses Mannes, der heute fast vergessen ist, war um die Mitte des vorigen Jahrhunderts in aller Munde, er selbst einer der auch über Deutschland hinaus bekanntesten Theologen. Auf der Höhe seines Ruhmes konnte es geschehen, daß, „als ein kühner Amerikaner seinen Brief ‚Mr. Tholuck, Europe' adressierte, derselbe sicher in der Mittelstraße der Universitätsstadt Halle abgegeben wurde". So berichtet L. Witte in seiner zweibändigen Biographie (siehe Literaturverzeichnis, Teil B) auf Seite 4.
Tholuck ist der bedeutendste Vertreter der Erweckungsbewegung auf einem deutschen Lehrstuhl gewesen. Als einer der ersten, der religionswissenschaftliche Studien betrieb, mit überragenden Kenntnissen in der Dogmengeschichte, hat er in der Auslegung besonders des N. T. Beachtliches geleistet, und seine Kommentare fanden in breiten Kreisen Anerkennung. Zugleich aber war er ein begnadeter Seelsorger, ein mitreißender Prediger, Mitbegründer der Evangelischen Allianz, verbunden mit den Anfängen der Berliner Mission und der Berliner Bibelgesellschaft, Initiator des Diakonissen-Mut-

terhauses in Halle und der Gnadauer Konferenzen, aus denen schließlich der Gnadauer Verband hervorgegangen ist.
Es lohnt sich, diesen Mann, von dem so viel Segen ausgegangen ist, kennenzulernen. Bevor wir ihn in einigen Auszügen aus seinen Hauptwerken selbst sprechen lassen, wollen wir ihn in seinem Leben und Wirken vorstellen.

Kindheit und Schulzeit (1799—1817 in Breslau)

Tholucks Vater war Goldschmied in Breslau. Dort wurde August als neuntes und letztes Kind aus erster Ehe am 30. 3. 1799 geboren. Mit sechs Jahren kam er in die Vorschule des Gymnasiums. Als er sieben Jahre alt war, starb seine Mutter. Der Vater heiratete sehr bald wieder und hatte mit seiner zweiten Frau nochmals acht Kinder. Kein Wunder, daß der reichen Begabung des kleinen August in der großen Familie keine Beachtung geschenkt wurde. Vom Vater wurde er häufig geschlagen, und die Stiefmutter beschimpfte ihn, weil er nur hinter Büchern sitze und die Schule teures Geld koste. Unter diesem Druck wurde der Junge seelisch krank. Schließlich verließ er aus eigenem Entschluß die Schule, um in der Werkstatt des Vaters Goldschmied zu lernen. Aber er stellte sich so ungeschickt an, daß seine Eltern ein Einsehen mit ihm hatten und ihn schleunigst aufs Gymnasium zurückschickten. Für den handwerklichen Beruf völlig unbegabt, entfaltete Tholuck einen unbeschreiblichen Lerneifer. Schon mit dreizehn Jahren hatte er mehr als 2000 Bücher verschlungen. Aus den Jahren 1814—16 besitzen wir ein Tagebuch, dessen Eintragungen in Lateinisch, Französisch, Polnisch, Arabisch, Englisch, Holländisch und Griechisch niedergeschrieben sind. Am Ende seiner Schulzeit beherrschte er bereits neunzehn Sprachen. Obwohl er bei all seinen Nebeninteressen kein herausragender Schüler war, durfte er am 15. Oktober 1816 die Abiturientenrede seines Jahrgangs halten. Sie zeigt einerseits das starke religiöse Empfinden des jungen Mannes, andererseits eine Abneigung gegen das Christentum, die auch sonst in seinen letzten Schuljahren bezeugt ist. Stellte er doch in dieser Rede die östlichen Weisen und Religionsstifter Menu, Zarathustra und Konfuzius über Mose, Jesus und Mohammed. Mit solchen bewundernden Neigungen zur orientalischen Weisheit geht Tholuck an die Universität, und was kann er anderes studieren als Orientalistik?

Bekehrung und Festigung (1817—1826 in Berlin)

Nach einem kurzen ersten Semester in Breslau geht der junge Student nach Berlin. Er hat einen kühnen Plan: Um Orientalistik zu lernen, will er bei dem bekannten Legationsrat Diez — einem angesehenen Orientalisten — wohnen und schreibt diesem. In dem unerschütterlichen Vertrauen, der Herr Rat Diez werde ihn in sein Haus aufnehmen, kommt Tholuck am 12. Januar 1817 in Berlin an. Und tatsächlich! Der greise Gelehrte stellt Tholuck als seinen Sekretär ein. Aber wie anders als erwartet ist der Ausgang! Diez, selbst in seiner Jugend ein Rationalist und Zweifler, der sich später bekehrt hatte, führt Tholuck zum Studium der Theologie und erst in zweiter Linie zu den orientalischen Sprachen. Am 27. Januar bereits läßt sich Tholuck für das Fach Theologie immatrikulieren.
Der großartige Auftakt in Berlin ging allzuschnell zu Ende. Schon am 7. April, knapp vier Monate nach der Ankunft Tholucks, stirbt Diez (Witte, I, 75). Tholuck bleibt noch eine Weile im Hause wohnen, aber seine Träume sind jäh zerronnen.
Zum Glück findet Tholuck schon bald, wahrscheinlich noch im selben Jahr, einen neuen Freundeskreis. Er lernt den Baron von Kottwitz kennen, einen Erweckungsführer, der ganz im stillen einen großen Freundeskreis um sich gesammelt hatte und nun auch der geistliche Vater des jungen Studenten wer-

den durfte. Tholuck selbst hat in seinem Hauptwerk „Die Lehre von der Sünde und vom Versöhner" (2. Auflage S. 182—209) eine begeisterte Schilderung des Eindrucks gegeben, den Kottwitz und dessen Freunde auf ihn gemacht haben. Der Baron selbst galt als „Patriarch" oder direkt als „Abraham", und Tholuck legt ihm eine Reihe von Reden in den Mund, die u. a. von einer zukünftigen allgemeinen Erweckung der Kirche handeln. Von Kottwitz hat es jedenfalls verstanden, den empfindsamen Jüngling mit warmer Herzlichkeit und zugleich kurzangebundener Schroffheit auf seinen eigenen, selbständigen Glaubensweg zu geleiten. Schon war Tholuck halb und halb entschlossen, sein Studium aufzugeben und in die Dienste einer englischen Missionsgesellschaft zu treten, als ihn 1818 eine schwere Erkrankung daran hinderte. Ständig überkamen ihn noch Zweifel und seelische Zusammenbrüche, und er brauchte die Hilfe des Kottwitz-Kreises, um damit fertig zu werden.

Indessen verliefen seine Studien undramatisch und sehr erfolgreich. Schon in der Zeit seiner schweren Krankheit war ihm eine Dozentur für Altes Testament in Dorpat angetragen worden, die er aus Gesundheitsgründen ausschlagen mußte. Am 2. Dezember 1820 wird er Lizentiat der Theologie und erhält einen Lehrauftrag. 1821 erscheint seine Dissertation über den Sufismus, einer islamischen Sekte, die besonders die Mystik pflegte. Als ihm die Universität Jena am 22. April 1822 den Doktor der Philosophie verleiht, ist ihm die Universitätslaufbahn endgültig gesichert. Am 7. April 1823 wird Tholuck zum außerordentlichen Professor in Berlin ernannt. Eine steile Karriere!

Wie es in dieser Zeit in seinem Innern aussah, zeigt ein Tagebuchauszug vom 9. Februar 1822 (Witte, I, S. 122):

„Ich sehe es im Geiste voraus, es muß und wird noch eine vierte Periode in meinem christlichen Leben eintreten. Die erste geht von Januar 1818 bis August 19, wo das schwache Licht allmählich wieder auszulöschen und dem Heidentum zu

weichen schien. Die andere geht von '19 bis Ende '20, wo das Christentum mit der feineren Sünde der Verleugnung und der Uneinfalt ringen mußte. In dieser hielt mich fest, der aus jener mich gerissen hatte. Von Ende '20 bis jetzt ist die Periode, in der ich an meiner Erkenntnis gewiß auf dem rechten Standpunkte bin, in welcher ich nichts will als Christum, aber so ganz kraftlos bin, daß es gar nicht recht lebendig wird. Dazu fehlt meinem Christentum die göttliche Ruhe. Dies denke ich, wird auch sich ändern, und dann will ich bis an mein Lebensende sein kindlich, demütig, einfältig, ruhig."
Seine innere Unruhe und sein geistliches Ringen spiegeln sich hier so deutlich, daß wir sehr gut verstehen, warum in seinem Buch über die Sünde und den Versöhner die Periode *nach* der Bekehrung besonders ernst genommen wird. Die Zeit nach der Bekehrung durch Diez und von Kottwitz war in seinem eigenen Leben eben auch die wichtigste.
„Die Lehre von der Sünde und vom Versöhner", das verbreitetste Buch Tholucks (9 Auflagen in 50 Jahren!), bezeugt, daß er dies vierte Stadium erreicht hat. Tholuck kann nun bei aller Leidenschaft doch ruhig auf die Kampfzeit zurückschauen und dem Leser ein Bild dieser inneren Auseinandersetzung bieten (siehe die ausführliche Einleitung zu Auszug I).
Von dem erweckten Kaufmann Samuel Elsner aufgefordert, ein öffentliches Bekenntnis zu Jesus zu schreiben, hat Tholuck diese Schrift innerhalb weniger Wochen in den Osterferien 1823 hingeworfen, wie er selbst im Vorwort zur 7. Auflage (in den GW Bd. 1) berichtet. Wir dürfen in ihr den Abschluß der inneren Entwicklung Tholucks erblicken, soweit diese je zum Abschluß kommen konnte. Jedenfalls sehen wir in seinen späteren Schriften Tholuck nicht mehr mit sich selbst, sondern zunehmend mit den großen kirchlichen Aufgaben seiner Zeit befaßt.
Solche kirchlichen Tätigkeiten hatten schon sein Studium begleitet. Bereits seit 1817 hatte er an der Missionsschule, die Jänicke (1748–1827) in Berlin gegründet hatte, regelmäßig

einige Stunden erteilt. Von 1821 bis 1825 war er außerdem Direktor der im Jahre 1814 gegründeten Hauptbibelgesellschaft. Und hatten sich auch Pläne, Missionar in Übersee zu werden, 1818 endgültig zerschlagen, so wandte er sich nun der Judenmission in der Heimat zu. Er wurde für kurze Zeit Sekretär der 1822 gegründeten „Berliner Gesellschaft zur Beförderung des Christentums unter den Juden", Tochtergründung einer Londoner Gesellschaft, und ist der Judenmission zeitlebens verbunden geblieben.

Nach wechselvollen Verhandlungen zwischen der Theologischen Fakultät Halle und dem Ministerium wurde Tholuck Anfang 1826 nach Halle berufen. Die rationalistische Fakultät hat sich dieser Berufung widersetzt. Denn Tholuck war überall als Vertreter der Erweckung bekannt. In den neun Jahren in Berlin war er durch mancherlei Anfechtungen hindurch zu einem innerlich gefestigten Erweckungstheologen geworden. Würde er gefestigt genug sein, gegen den in Halle herrschenden Rationalismus seine Überzeugung durchzusetzen, wie ihm das Hegel beim Abschied von Berlin gewünscht hat?

Die Kampfzeit (Halle 1826—1846)

Am 1. April kam August Tholuck, berufener ordentlicher Professor der Theologie, in Halle an. Er kam als erklärter Feind des Rationalismus und damit fast aller seiner Kollegen. Aber er war klug genug, nicht gleich auf Kollisionskurs zu gehen. Er hat insgesamt auch weniger *gegen* seine Kollegen gekämpft als *um* die Studenten geworben. Er wollte Studenten für Christus gewinnen, nicht Streit mit den Kollegen anfangen. Und seine zunächst kleine Hörerzahl nahm langsam aber stetig zu. Wenn Tholuck schließlich den Rationalismus aus Halle verscheucht hat, so kam dieser Umschwung von unten, von den Studenten, die er gewonnen hatte.

Die harten Anfänge in Halle wurden aufs günstigste durch einen Aufenthalt in Rom unterbrochen, wo Tholuck für ein Jahr (Mai 1828 bis April 1829) als Gesandtschaftsprediger tätig war und eine weltoffene Frömmigkeit atmen durfte.
Nach seiner Rückkehr ist er endgültig in Halle seßhaft geworden und hat dort bis an sein Lebensende gewohnt und gewirkt. Äußerlich war sein Leben zur Ruhe gekommen, aber die eigentliche Kampfzeit begann erst jetzt. Tholucks Art war freilich nicht grob polemisch, sondern gediegen und vornehm auch in der Kritik.
So schuf er sich als erstes eine Zeitschrift, in der die laufend erscheinende theologische Literatur von seiner Warte aus besprochen werden sollte. Sie begann mit dem 1. Januar 1830 unter dem Titel „Litterarischer Anzeiger für christliche Theologie und Wissenschaft überhaupt" zu erscheinen (Witte, II, S. 168 ff.). Sie war eine Plattform, auf der nicht mit schweren Säbeln, sondern mit dem Florett gekämpft wurde, und Tholuck war nicht der Mann, wie Hengstenberg seine Gegner moralisch zu erledigen, sondern er pflegte das sachliche Gespräch eines gefestigten, in seinem Glauben unerschütterlichen Christen, den nichts aus der Ruhe bringen kann. Als Herausgeber schreibt er im ersten Jahrgang Nr. 36 (nach Witte, II, S. 170):
„Was den theologischen Charakter und Ton der Beurteilungen anbetrifft, so haben manche mehr rügende Strenge des Unglaubens, wo er sich findet, gewünscht. Der Herausgeber ist entschieden, der evangelischen Wahrheit nichts zu vergeben; er hält es aber auch für Pflicht, das Gute da, wo es sich findet, ausdrücklich anzuerkennen. Er will nicht jener falschen Unparteilichkeit huldigen, welche sich zwischen zwei Stühle setzt, aber wohl jener wahren und echten, welche jeder Partei möglichste Gerechtigkeit widerfahren läßt."
Tholuck hat sich also aller Schärfe enthalten und weniger durch strengen Tadel als durch Lob zu wirken gesucht. Der Erfolg hat ihm recht gegeben!

Als zweiten Schritt zur Überwindung des Rationalismus strebte Tholuck von Anfang an nach dem Amt des Universitätspredigers. Wiederum gab es ein längeres Hin und Her zwischen dem Ministerium und der Fakultät, ehe Tholuck das Kanzelrecht bekam. Ein Blick in unser Literaturverzeichnis zeigt, daß Tholuck seine Pflichten als Universitätsprediger, der er längst vor seiner offiziellen Ernennung 1839 inoffiziell gewesen ist, zeitlebens sehr ernst genommen hat. Auch damit verfolgte er seine Art, nicht durch Polemik, sondern durch die Botschaft selbst von der Kanzel eine Erneuerung der Theologie herbeizuführen. Und wieder ist zu sagen: der Erfolg hat ihm recht gegeben!
Ebenso verhielt er sich im sog. „Hallischen Streit". Dieser brach im Januar 1830 aus, als Ludwig von Gerlach die beiden führenden Theologen in Halle, die Rationalisten W. Gesenius (1786—1842, seit 1810 Prof. in Halle) und J. A. W. Wegscheider (1771—1849, seit 1810 Prof. in Halle) scharf attackierte. Dies geschah in Hengstenbergs „Evangelischer Kirchenzeitung", die überhaupt das Podium der Scharfmacher war. Tholuck war vorher gefragt worden und hatte entschieden abgeraten. Dennoch glaubte die Studentenschaft zunächst, der anonym erschienene Artikel stamme aus Tholucks Feder. Er wurde daher ernstlich bedroht, hat aber unerschrocken seine Vorlesung gehalten (Witte, II, S. 174 ff., 178). Später hat er eine Erklärung abgegeben, die Witte, II, S. 179—85 abgedruckt hat und in der es u. a. heißt:
„Über den Gegenstand der Anklage, daß nämlich der in Halle herrschende Rationalismus den Grund der Kirche antaste, bin ich natürlich mit dem Herrn Verfasser vollkommen einverstanden und habe dieses zur Genüge dadurch bewiesen, daß ich bisher mit allen mir von Gott verliehenen Kräften, so weit mir vergönnt war, demselben (nämlich dem Rationalismus) entgegenzuarbeiten bemüht gewesen bin, obgleich ich dieses bis jetzt, wo die Anklage des Herrn Verfassers die persönlichen Leidenschaften aufgeregt hat, mit einem friedlichen,

ja zum Teil freundschaftlichen Verhältnisse zu meinen Herren Kollegen nicht unvereinbar gefunden habe. Ich bedaure auch herzlich, daß jener Schritt des Herrn Verfassers diese meine ruhige Wirksamkeit gestört hat ..." (Witte, II, S. 181 f.).
Diese in der Sache bestimmte, im Ton friedfertige Haltung kennzeichnet Tholuck in der nun kommenden Zeit der Polarisierung im konfessionellen und im liberalen Lager.
Die Lutheraner waren die ersten, die den Bruch vollzogen und aus der Landeskirche austraten. Die Separation (Trennung), die vor allem in Schlesien um sich griff, erfaßte auch Halle, wo Tholucks Kollege und Freund an der Fakultät Guericke eine separierte lutherische Gemeinde gründete (1834—35). In einer großartigen Predigt hat Tholuck zu diesen Vorgängen weise und ausgewogen Stellung genommen. Wir drucken sie als zweiten Auszug unten ab, sie soll zugleich einen Eindruck von dem Prediger Tholuck vermitteln.
Auf dem anderen Flügel formierten sich aber allmählich auch die Rationalisten. Ab 1840 begannen sie, sich in kleineren Gruppen zusammenzuschließen. Der Landpfarrer Uhlich stellte sich an ihre Spitze und hielt seit 1841 gut besuchte Versammlungen ab. Sie vertraten einen dürren Vernunftglauben, bekämpften Gebet und Glaube an Jesus und verkündeten, der Mensch sei gut. Wiederum war es die überall Verrat witternde Kirchenzeitung, die gegen sie den Kampf entfachte und schürte, so daß sich diese Gruppe schließlich von der Kirche trennte und freie Gemeinden gründete. Auch Tholuck, seit 1842 Mitglied des Magdeburger Konsistoriums, griff in die Bekämpfung der „Lichtfreunde", wie sie sich nannten, ein. Aber wie anders war wieder sein Ton! In seinen „Gesprächen über die vornehmsten Glaubensfragen der Zeit" 1846 läßt er einen Erweckten sich mit einem Lichtfreund — und einem Sozialisten! — unterhalten und zeigt, wie das liebevolle Verständnis des Erweckten den Rationalisten überwindet zum rechten Glauben. Aus dieser Schrift entnehmen wir den dritten Auszug.

Über diesen Auseinandersetzungen — und den Vorgängen um die Oxfordbewegung in England, die Tholuck, ein Freund Puseys!, aus der Ferne verfolgte — weitete sich Tholucks Blick, und er sah immer mehr die gesamtkirchlichen Aufgaben. Wenn sich seine Theologie in diesen Jahren überhaupt noch wesentlich verändert hat, dann in Richtung auf den in die Mitte rückenden Kirchengedanken.
Im Jahre 1846, als Tholuck 20 Jahre in Halle gewirkt hatte und etwas verspätet sein 25jähriges Dozentenjubiläum feierte, war die Kampfzeit vorüber. Seit 1839 war bereits sein Schüler und Freund Julius Müller neben ihn in die Fakultät eingerückt, und nun nahm die Zahl seiner Gesinnungsgenossen auf dem Katheder und der Kanzel immer mehr zu. Seine liebevolle Entschlossenheit trug ihre Früchte. Der „Litterarische Anzeiger" hatte ebenfalls seine Schuldigkeit getan und wurde 1849 eingestellt. Als Forum für Tholuck und seine Freunde wurde von diesen 1850 die Zeitschrift „Deutsche Zeitschrift für christliche Wissenschaft und christliches Leben" gegründet.

Ernte und Alter (Halle 1846—1877)

Ab 1846 hatte Tholuck in Halle die Oberhand.
„Nur Männer, welche in der Hauptsache ihm gleichgerichtet waren, wurden fortan seine Kollegen im akademischen und kirchlichen Amte, traten immer zahlreicher auf die Kanzeln und in die Kirchenleitungen ein" (M. Kähler, in RE² über Th.). Nun konnte sich Tholuck auch den häuslichen Pflichten zuwenden. Er war 1829 für wenige Monate verheiratet gewesen mit einer bereits vom Tode Gezeichneten, die bald starb. 1839 ging er eine zweite Ehe ein, die kinderlos, aber überaus harmonisch war und das Haus Tholuck zu einer Heimat für viele Gäste werden ließ.
Ebenfalls konnte Tholuck nun seiner Leidenschaft, dem Rei-

sen, frönen. 1846 weilte er zur Gründung der Evangelischen Allianz in London und nahm später an zahlreichen Weltkonferenzen derselben teil. England war ihm schon immer besonders lieb gewesen. Aber auch sonst reiste er viel.
1856, nachdem Tholuck an der Konferenz im Schloß Monbijou in Berlin teilgenommen und dort Impulse entwickelt hatte, schritt er gemeinsam mit seiner Frau zur Gründung eines Diakonissen-Mutterhauses in Halle, das dann im folgenden Jahr eröffnet wurde.
In diesen Jahren nahm Tholuck auch regelmäßig an den Pastoralkonferenzen in Gnadau teil, zu denen sich schon 1842 die biblischen Arbeitsgemeinschaften vereinigt hatten (Schellbach 41).
Im übrigen ist aus den letzten dreißig Jahren nicht viel zu berichten. Tholuck setzte sein segensreiches Wirken auf allen Gebieten fort. Im Dezember 1870 wird dann mit großem Gepränge sein 50jähriges Dienstjubiläum gefeiert. Nun nehmen seine Kräfte langsam ab. 1875 hält er seine letzte, von kaum ein oder zwei Studenten besuchte Vorlesung. Erst als keiner mehr kommt, hört er auf. Schon in der Jugend von Selbstmordgedanken befallen, gewinnt nun die Melancholie mehr und mehr Gewalt über ihn. Am 10. Juni 1877 ist August Tholuck gestorben.

Das Wirken Tholucks

Der Seelsorger

Schon in Berlin hat Tholuck neben seinem Studium die freundschaftlichen Bande in dem Kreis um Kottwitz besonders gepflegt. Beides, wissenschaftliche Arbeit und die Pflege intensiver persönlicher Kontakte, läßt sich durch seine gesamte Wirksamkeit hindurch verfolgen. Tholuck war niemals ein weltfremder Professor, sondern nahm an den Sorgen und

Nöten seiner Studenten regen Anteil. Er tat das mit einem schrulligen Humor, der in zahlreichen Anekdoten überliefert ist. Stöcker, der spätere Hofprediger in Berlin, erzählt:
„Der selige Tholuck in Halle fragte einmal mit dem komischen Tiefsinn, der ihm eigen war, wenn er Geister prüfen wollte: ,Sagen Sie mir mal, welche Ähnlichkeit finden Sie zwischen mir und dem Propheten Habakuk?' Der Gefragte geriet in große Verlegenheit. Er kannte den Propheten Habakuk sehr wenig und suchte vergeblich nach Parallelen. Dann sagte ihm Tholuck: ,Sehr einfach — wir endigen beide auf -uck.'" (Fröhliche Herzen im schwarzen Habit, 1961, S. 96)
Eine andere Anekdote zeigt Tholucks berühmte „blaue Fragen", mit denen er seine Studenten oft überraschte:
„Einem Studenten erzählte Tholuck, wie er auf der letzten Reise in den Ferien an irgendeinem Aufenthaltsort seinen Koffer hatte stehenlassen, und fragte ihn darauf: ,Nun, Herr Studiosus, wie würden Sie das nennen, Zufall oder Vorsehung?' — ,Herr Rat', erwiderte der nicht leicht zu verblüffende Musensohn, ,ich weiß wirklich nicht, wie ich diesen Unfall, der Ihnen passiert ist, nennen könnte. Nur das weiß ich, daß, wenn mir dergleichen passiert wäre, mein Vater mir sagen würde: Junge, das kommt von deiner verwünschten Bummelei!' Und der Herr Rat bezeugte seine Billigung dieser Antwort durch ein vergnügtes Schmunzeln" (ebenda, S. 14).
Solche Fangfragen stellte Tholuck nicht von ungefähr, sondern aus der seelsorgerlichen Absicht heraus, die Studenten rechte Einfalt zu lehren. Sie waren Teil seiner Seelsorge.
Werner Jentsch hat im ersten Band seines großen Handbuches der Jugendseelsorge (Gütersloh 1965, S. 320—331) August Tholuck als Seelsorger gewürdigt.
Durch zweierlei war Tholuck wie kaum einer für die Seelsorge begabt. Einmal war sein eigenes Wesen von tiefen seelischen Anfechtungen und Nöten gekennzeichnet, die ihn ständig begleitet haben. Martin Kähler, der ihn persönlich gut gekannt hat, schreibt darüber:

„Oft hat sein heftiges und schwergedrücktes Gemüt seinen Glauben in dunklen Stunden der Anfechtung geschüttelt; doch war er zu fest mit seinem lebendigen Heiland verwachsen, um solcher Anfechtung nachzugeben" (RE², Artikel Tholuck).
So gab es für ihn wohl keine Seelennot, die er nicht hätte nachfühlen können.
Zum andern hatte Tholuck selbst Seelsorge erfahren. Von Kottwitz war ihm jahrelang ein einfühlsamer, bisweilen eigenwilliger Seelsorger, und Tholuck hat vielleicht mehr als alle anderen von diesem Manne gelernt.
Aus beiden Erfahrungen her richtete Tholuck seine eigene Seelsorgepraxis auf Beichte und Vergebung aus.
Durch zahlreiche Einladungen in sein Haus, zu Bibelstunden, Vorleseabenden und Hauskreisen, zog Tholuck viele Studenten an sich und half ihnen behutsam, sich ihm zu öffnen und ihm ihre Nöte anzuvertrauen. Mit gutem Recht hat er sich bei seinem 50jährigen Amtsjubiläum einen „Studentenprofessor im Unterschied zu einem Buchprofessor" genannt. Regelmäßig hielt er auch Andachten in seinem Hause, zu denen viele kamen.
Aus Seelsorge und Andacht ging das große Andachtsbuch Tholucks, die „Stunden christlicher Andacht" 1839 hervor. Das umfangreiche Werk nennt sich im Untertitel ein Erbauungsbuch und sollte das rationalistische Gegenstück „Stunden der Andacht" ersetzen. Das ist ihm auch weitgehend gelungen, erlebte es doch nicht weniger als sieben Neuauflagen. Es handelt in den ersten drei Teilen von Glaube, Liebe und Hoffnung. Im zweiten Teil wird das Kirchenjahr und im dritten der Lebenslauf des Menschen in zahlreichen langen Andachten, mit eingestreuten Gedichten vom Verfasser und anderen, geistlich durchdrungen.

Der Prediger

Zunächst im Wechsel mit dem Universitätsprediger Marks, ab 1839 selbst in dieser Eigenschaft, hat Tholuck in den Universitätsgottesdiensten bis ins hohe Alter hinein regelmäßig gepredigt. Aber auch auf seinen zahlreichen Reisen nahm er jede Gelegenheit zur Predigt wahr. Zeugen beschreiben ihn als feurigen Redner, der nicht nur für die Gebildeten mitreißend sprach. Martin Kähler widmet diesem Schwerpunkt in Tholucks Wirken folgende Worte:

„Die gedruckten Predigten können ... nicht ganz den Eindruck wiedergeben, welchen er als geistlicher Redner machte, wenn er in der lodernden Feuerkraft der Mannesjahre und noch in der ruhigen Innigkeit des Greisenalters immer in die Tiefe der Sammlung vor Gott versenkt und aus ihr heraus in heiliger Scheu und in liebevoll suchendem Ernste ohne alle Erhitzung die Wahrheit bezeugte und mit wundersamer Kraft in die Herzen griff ... Er gab stets einen ‚festen Kern‘ biblischer Lehre, ‚getaucht in Phantasie und Gefühl‘, und seine Predigten waren ‚eine Tat auf der Studierstube und abermal eine Tat auf der Kanzel‘, sie erwuchsen aus dem eigenen anfechtungsreichen Christenwandel des Redners" (Kähler, a. a. O.).

Mochte auch der Eindruck nicht ganz derselbe sein, die gedruckten Predigten sind dennoch mehrfach aufgelegt worden und schließlich in 5 Bänden in den Gesamtwerken erschienen. Sie sind auch gedruckt noch eindrucksvoll genug. Als Prediger ist Tholuck immer tief demütig geblieben:

„Hatte er gepredigt, so pflegte er mit der größten Eile nach Hause zu stürzen; er redete unterwegs niemand an und ließ sich nicht anreden. Teils war dies wohl eigene Ergriffenheit, wie jeder Prediger sie kennt, wenn ihn das verkündete Wort selbst bewegt hat. Oft aber hat es Tholuck auch ausgesprochen: er empfinde, wenn er von der Kanzel herabkomme, eine so tiefe Scham darüber, seine Sache schlecht gemacht zu haben,

daß er sich vor jedermann verbergen möchte" (Witte, II, S. 365).
Anfangs hatte man von Tholuck einen neuen großen Wurf in der Dogmatik erwartet. Zwar hat er auch in Halle viel in der Dogmatik und vor allem der Apologetik gearbeitet. Ein eigenständiger Entwurf der Theologie ist ihm aber nicht gelungen. Andererseits hat er in seinen Predigten gerade die zentralen Lehrthemen: das Apostolikum, die Augsburgische Konfession, die Lehre von der Kirche und den Sakramenten, das Leiden Jesu, behandelt. In seinen Predigten standen diese Themen ordnend über dem Bibeltext. Vielleicht hat er absichtlich die zentralen dogmatischen Fragen nicht in der Vorlesung, sondern auf der Kanzel behandelt? In der Behandlung der Predigt Tholucks (siehe Lit.-Verz. B: Schellbach) verdient dieser Punkt, einmal untersucht zu werden.

Der Exeget und Schrifttheologe

Das wissenschaftliche Schaffen Tholucks teilt sich in eine exegetische und eine dogmengeschichtliche Periode. Die erste — exegetische — ließ ihn eine Reihe von umfangreichen Kommentaren erstellen:
zum Römerbrief 1824,
zum Johannesevangelium 1827,
zur Bergpredigt 1833,
zum Hebräerbrief 1836.
So volkstümlich seine Andachten und Predigten waren, so gelehrt sind diese Kommentare. Sie entfalten eine umfassende Gelehrsamkeit. Es wimmelt von arabischen, hebräischen, griechischen und lateinischen Zitaten, in denen Tholuck sich in den Kirchenvätern ebenso bewandert zeigt wie in der rabbinischen Exegese und der islamischen Mystik. Von rationalistischer Seite wurden diese Arbeiten heftig angegriffen, setzten sich aber in immer neuen Auflagen durch. Von Hause aus

Alttestamentler, hat Tholuck das Schwergewicht auf das N. T. gelegt. 1837 schrieb er umfassend gegen David Friedrich Strauß „Die Glaubwürdigkeit der Evangelischen Geschichte, zugleich eine Kritik des Lebens Jesu von Strauß" (2. Aufl. 1838).

Aus dem A. T. hat Tholuck die Psalmen bearbeitet: „Übersetzung und Auslegung der Psalmen", 1843. In seiner Geschichte der historisch-kritischen Erforschung des A. T. nimmt H.-J. Kraus (siehe Lit.-Verz.) diesen Kommentar zum Anlaß, Tholuck als Schriftausleger zu schildern (S. 215—217). Nach Kraus hat Tholuck die Ergebnisse der damaligen Forschung — in diesem Falle die von deWette — zwar verarbeitet, aber das Schwergewicht auf die theologische Auslegung gelegt. Dieses Urteil bestätigt sich, vor allem wenn man bedenkt, daß es sich um einen Laienkommentar handelt und daß dem Leser der neutestamentlichen Kommentare weit mehr historische Arbeit zugemutet wird. Dort zieht Tholuck auch Kritiker wie Reimarus und Lessing heran. Seine Stellung zur immer mehr aufkommenden historischen Kritik ist eine ausgewogene. Er gesteht dieser Arbeitsweise durchaus zu, daß sie für neue Aspekte der Bibel die Augen öffnet, sieht aber zugleich die Grenzen der Methode.

Sehr gut beschreibt er seine Position im Vorwort zu der Schrift „die Propheten und ihre Weissagungen", 1860:

„In bezug auf kritische Fragen befinde ich mich mehrfach mit denjenigen Theologen in Übereinstimmung, zu deren *theologischem* Standpunkt ich mich im Gegensatz befinde. Gewiß wird der Einfluß einer naturalistischen Denkart, welcher übernatürliche Wunder und Weissagungen schon a priori als unmöglich gelten, auch in dem kritischen Urteil über biblische Bücher, worin dergleichen bezeugt werden, sich nicht verleugnen können, wie denn auch in vorliegender Abhandlung unwidersprechliche Belege hierfür gegeben werden; dennoch halte ich dafür, daß nicht alle Resultate der neueren Kritik auf jenen dogmatischen Voraussetzungen beruhen, daß viel-

mehr so manche derselben auch von dem gläubigen Theologen zugestanden werden müssen" (S. V.).
Wo also die Ergebnisse der historischen Kritik nicht auf einem grundsätzlichen Vorurteil gegen Gottes Wirken in der Geschichte beruhen, sondern ausschließlich auf genauer Textanalyse, kann Tholuck solche Ergebnisse durchaus übernehmen oder selbst zu solchen kommen. Deswegen hat er sich auch nie gegen die neueste Literatur verschlossen, sondern nahm alles Einschlägige unvoreingenommen zur Kenntnis. Dieser von aller Enge und Kleinlichkeit freie Schriftgebrauch ist ihm eigen. In den „Gesprächen über die vornehmsten Glaubensfragen der Zeit" wird das treffend ausgeführt (S. 179 f.):
„Mich dünkt, wenn wir sehen, daß die heiligen Schriftsteller in so unzählig vielen kleinen Details voneinander abweichen, ja wenn ein und derselbe Lukas in seiner Apostelgeschichte die Bekehrung des Paulus an dreien Orten erzählt, und jedesmal mit anderen Nebenumständen (Apg. 9. 22. 26), da er doch, wo es ihm darauf angekommen wäre, alles so ganz eben hätte machen können, wenn sie auch die Sprüche des A. T. so ungenau anführen, da sie doch, wo es ihnen darauf angekommen wäre, alles hätten so genau einrichten und abpassen können — mich dünkt, sage ich, daß wir da von den teuren Männern lernen sollen, wie ein herzhafter Glaube, der des Kernes gewiß geworden und seine Süßigkeit schmeckt, sich um die Schalen und ihre Unebenheiten eben nicht mehr so ernstlich kümmern, sondern das den Gelehrten zu schlichten überlassen soll, deren Amtes es ist."
Damit vertritt Tholuck einen vermittelnden Kurs, indem er der historischen Auslegung ihr Recht zugesteht, jedoch das Ziel in der theologischen Auslegung erblickt.
Zunehmend beschäftigte ihn das Verhältnis zwischen Altem und Neuem Testament. Vom N. T. ausgehend untersucht er es in einem auch selbständig gedruckten Anhang zum Hebräerbriefkommentar: „Das Alte Testament im Neuen Te-

stament." Es geht ihm um ein typologisches Verständnis des
A. T. (GW 10, S. 25 f.). Den umgekehrten Weg vom A. T.
zum N. T. geht die schon genannte Schrift „Die Propheten
und ihre Weissagungen", die die Weissagungen des Erlösers
im A. T. untersucht.

Der Dogmenhistoriker

In den dreißiger Jahren hat Tholuck mit finanzieller Hilfe aus
England die Werke Calvins herausgegeben. Und früher schon
hatte er begonnen, sich mit der nachreformatorischen Dog-
menentwicklung zu beschäftigen. Auf einige kürzere Vorar-
beiten im „Litterarischen Anzeiger" folgten dann nach 1850
zahlreiche umfangreiche Bände zur Vorgeschichte des Rationalismus. Aus einer einzigartigen Kenntnis schöpfend, schrieb
Tholuck Band um Band, bis heute wohl die umfassendsten
Studien zur Orthodoxie in Deutschland. „Seitdem ist das
Gebiet nie wieder so eingehend durchgepflügt und dargestellt
worden", sagt Martin Schmidt (Pietismus, Stuttgart 1972,
S. 169). Wer sich dafür interessiert, kann die Titel im Literaturverzeichnis nachlesen.

Die theologischen Akzente

Auch wenn Tholuck keine eigenständige Glaubenslehre ver-
faßt hat, so sei auf einige Lieblingsgedanken hingewiesen, die
aus seinen Werken hervorleuchten.
Zunächst hat Tholuck, wie in Auszug I am Schluß zu sehen,
die pietistische Wiedergeburt nicht nur gelehrt, sondern auch
erfahren. Und dabei liegen ihm zwei Dinge besonders am
Herzen.
Der Wiedergeburt muß nach Tholuck der *Hunger nach Erlösung* vorausgehen. Sowohl 1825 (S. 143) als auch 1846

(dritter Auszug) handelt ein Abschnitt von diesem Hunger. Tholuck hat diesen Hunger ganz gewiß aus eigener Erfahrung so sehr betont.
Geht der Hunger der Wiedergeburt voraus, so wird diese gefolgt von mancherlei Anfechtungen. Die altpietistische Anschauung, daß mit der Wiedergeburt der Bußkampf zu Ende sei, ist Tholuck fremd. Er ist hierin durchaus Lutheraner und weiß um die lebenslange Anfechtung des Glaubens. Auch dies spiegelt zweifellos sein persönlichstes Glaubensleben. Nach allem, was wir von ihm wissen, ist er zeitlebens ein Angefochtener im Glauben gewesen. Und er hat sich nicht gescheut, dies einzugestehen.
Zweitens gehört zu den Eigentümlichkeiten im Denken Tholucks die Gewißheit, daß eine Erweckung nicht nur einzelner, sondern der ganzen Kirche bevorstehe. Vielleicht hat er diese Hoffnung dem Baron von Kottwitz zu verdanken, dem er eine bewegte Rede über diese Erneuerung der ganzen Kirche in den Mund legt (Lehre von der Sünde und vom Versöhner, 2. Aufl. S. 193—201). Sie steht danach unmittelbar bevor.
In den „Gesprächen über die vornehmsten Glaubensfragen" wird S. 216 f. dieselbe Hoffnung auf eine erneuerte Kirche ausgesprochen:
„Ich möchte aber, daß du mit mir und mit vielen neben mir dein Auge erheben könntest zu einer Kirche der Zukunft, wie sie bereits zu bauen sich angefangen hat, worin die wahrhaft frommen Menschen unter euch das finden werden, was ihr besseres Teil bisher erstrebt hat. Gerade der Anspruch der Subjektivität in der Sphäre der Religion und der Kirche ... ist in seinem Rechte bei dem größten Teile der gläubigen Kirche zur Anerkennung gekommen, dem strebt auch handelnd die gläubige Kirche sein Recht zu geben."
Zur Erneuerung der Kirche gehörte nach Tholuck auch die Auflösung des strengen Staatskirchenwesens, was hier nur angedeutet werden kann. Die wache und lebendige Hoffnung auf eine Erneuerung der ganzen Kirche unterstreicht noch

einmal, wie sehr Tholuck gesamtkirchlich und nicht nur aus subjektiver Glaubenserfahrung heraus theologisch gedacht hat. Man tut ihm Unrecht, wenn man ihn wie Karl Barth für einen bloßen Herzenstheologen hält, denn in seinen späteren Jahren ist er ein *Kirchentheologe* gewesen!

Dr. Reinhard Schinzer

1. Auszug

VON DEM VERSÖHNER

Einleitung

Tholucks Hauptwerk, aus dem der folgende Auszug stammt, „Die Lehre von der Sünde und vom Versöhner oder die wahre Weihe des Zweiflers", ist 1823 erschienen. Der Untertitel spielt auf das erfolgreiche Buch „Theodor oder des Zweiflers Weihe" von Wilhelm Leberecht deWette an, das in Romanform den Werdegang eines aufgeklärten Theologen erzählt. Tholuck hat die Briefform gewählt, je zwei Briefe zum Thema Sünde und zum Thema Versöhnung werden von den Freunden Guido und Julius gewechselt.
Guido wird als ein Student geschildert, der von der schalen, abgestandenen Moral der Aufklärungstheologie abgestoßen ist und nun in der damals blühenden Philosophie des deutschen Idealismus sein Heil sucht. Er ist in dem Briefwechsel jeweils der empfangende Teil, von ihm stammt immer der zweite Brief. Der gebende ist Julius. Dieser hat sein Studium mit Philologie und Geschichte begonnen, erlebt aber eine Wiedergeburt (S. 11 f. — alle Zitate nach der 2. Auflage 1825) und wendet sich der Theologie zu. Er berichtet seinem Freunde von diesem Erlebnis. Als Guido von der neuen Glaubensgewißheit des Freundes hört, verfällt er „in eine ganz trostlose Skepsis".

Um diese zu lösen, schreibt Julius seinen ersten Brief über die Sünde und das Böse (S. 13—45). Der Brief fordert Guido zur Selbsterkenntnis auf.

„Nur die Höllenfahrt der Selbsterkenntnis macht die Himmelfahrt der Gotteserkenntnis möglich, und keine Weisheit ist verwerflicher als die, welche die Augen uns aussticht, damit wir nicht in unser eigenes Inneres schauen" (S. 14).

Aber bei dieser Selbsterkenntnis geht es, wie bei Studenten der Philosophie und Philologie nicht anders zu erwarten, nicht ohne geschichtliche Rückblicke ab. Die Lehre vom Bösen bei den Persern und Platonikern (S. 17), im Pantheismus (S. 18 ff.) und bei Schelling (S. 20) sowie bei den Pelagianern (S. 22—24) werden gestreift, ehe die biblische Lehre vorgetragen wird. Diese wird ausführlich dargelegt, wobei eine freie Übertragung von Römer 7 im Mittelpunkt steht (S. 34—35). Julius faßt seine Ausführungen in dem Satz zusammen:

„Das dritte Kapitel der Genesis und das siebente des Römerbriefs, das sind die zween Pfeiler, auf denen des lebendigen Christentums Gebäude ruht, das sind die zwei engen Pforten, durch die der Mensch zum Leben eingeht" (S. 40).

In seinem kürzeren Antwortbrief (S. 45—62) bringt Guido nicht etwa Gegenargumente bei, sondern untermauert nur das von Julius Gesagte mit seiner eigenen Erfahrung. Auch er ist inzwischen überwunden und bemüht sich, seine hohe Philosophie durch eine „Philosophie aus der Grube" nach Jeremia 38 zu ersetzen (S. 47—49). Er beruft sich dafür auf Kant, der im Gegensatz zu den rationalistischen Theologen die Unergründlichkeit des Bösen erkannt habe:

„Wären unsere Theologen, die sich die vernünftigen nennen, ehrlich, so würden sie ihre Unwissenheit in diesem Centralpunkt nicht hehl haben, wie sie Kant nicht hehl hatte" (S. 54).

In diesem Zusammenhang wird die Philosophie überhaupt positiver gewürdigt als die Theologie des Rationalismus. Dieser wirft Tholuck nicht etwa vor, sie sei zu wissenschaftlich,

sondern sie sei nicht wissenschaftlich genug, weil sie die eigentlichen Fragen nicht stelle!
„Und eben dieser Mißbrauch der Wissenschaft ist es auch, der mir besonders jene seichte Schule der Theologen verleidet" (S. 56 f.).
Wo Wissenschaft nicht oberflächlich betrieben wird, sondern in die Tiefe geht, da führt sie, wie Tholuck mit F. Bacon überzeugt ist, zur Religion zurück (S. 55).
Nach diesem Abstecher in die Philosophie (er wird in einem Anhang ausführlich behandelt), kehrt Guido zu seinem inneren Leben zurück:
„Seit zwei Monaten halte ich mir ein Tagebuch, um in diesem Spiegel mich selbst kennen zu lernen; da habe ich deutlich gesehen, daß ich ohne Schöne bin" (S. 57).
Indem er über sich selbst und seinen erwachenden Glauben nachdenkt, wird ihm der entscheidende Mangel deutlich, der darin besteht, daß er zu wenig von der Erlösung weiß, nachdem ihm die Sünde überdeutlich geworden ist. So schließt der Brief mit einer Aufforderung an Julius, über die Erlösung zu schreiben:
„Überhaupt ist mir die Erlösungslehre weder wissenschaftlich ganz klar, noch auch für mein Leben. Ich glaube wohl, daß sie wahr ist, aber meine Ansichten über sie sind so wandelbar, daß ich manchmal immer den andern Tag wieder anders über sie denke. Besonders schwer fällt es mir, das Historische und Faktische daran festzuhalten, ich möchte sie lieber bloß als eine schöne erhabene Idee betrachten. Ich bitte Dich daher, mir hierüber in Deinem nächsten Briefe alles zu schreiben, was Du mir Heilsames für meine Theorie wie für meine Praxis zu sagen weißt" (S. 59 f.).
Mit dieser Bitte, einem Zitat aus Luthers Bußpsalmen (S. 60 f.) und einem von Matthias Claudius (S. 61 f.) schließt der zweite Brief.
Hier nun, als Antwort auf Guidos Frage nach der Erlösungslehre, setzt unser erster Auszug ein. Über der Darstellung der

Lehre vom Versöhner ist Tholuck so ins Schreiben geraten, daß die Briefform gesprengt ist. Über 104 Seiten (63—166) läuft dieser „Brief". Aber nicht nur dies beweist, daß hier die Mitte der ganzen Schrift liegt.
In der 2. Auflage, die wir hier benutzen, ist gerade in diesem Teil sehr viel geändert worden. Eine Wiederholung der Erbsündenlehre ist gestrichen, dafür die Darlegungen über den Begriff Offenbarung eingefügt worden. Wir drucken deshalb das Kapitel nach der 2. Auflage, weil es hier klarer, durchdachter und umfassender gestaltet ist.

Zur Editionstechnik ist nur wenig zu sagen. Altertümliche Rechtschreibung wurde der heutigen angepaßt. Z. B. Erkenntniß, seyn und Noth wurden nach heutiger Rechtschreibung korrigiert. Auch die Zeichensetzung ist modernisiert worden, ab und zu längere Satzgefüge durch Punkt statt Komma getrennt. Griechische und lateinische Zitate wurden übersetzt. Wo solchen Zitaten schon eine Übersetzung beigefügt war, ist nur diese stehengeblieben und der altsprachliche Text weggelassen worden. Nur an ein oder zwei Stellen sind unverständliche Anspielungen und Bilder weggelassen worden. Dafür sind vom Herausgeber zur besseren Verständlichkeit und Übersichtlichkeit Zwischenüberschriften eingesetzt worden. Diese stammen also nicht von Tholuck. Dieselben editionstechnischen Maßnahmen gelten auch für die zwei weiteren Auszüge.
Auf den vorliegenden dritten Brief folgt im Original ein vierter Brief, nun wieder Guidos Erwiderung, die dem, was Julius ihm vom Versöhner zu sagen wußte, von Herzen zustimmt (S. 166—210). Darüber hinaus aber bietet der Schlußbrief nun doch etwas besonders Wertvolles, nämlich die Schilderung des Barons von Kottwitz und seines Kreises. Zwar wird sein Name nicht genannt, sondern er heißt „Abraham" oder „der Patriarch". Jedoch ist kein Zweifel, wer gemeint ist. Auch Witte, I, S. 139—144 druckt dieses Stück wörtlich

ab und nimmt es als Beschreibung des Kottwitz-Kreises. Das Stück ist eines der schönsten Denkmale, das Kottwitz gesetzt worden ist, der sonst ganz im stillen gewirkt und keine Schriften hinterlassen hat.

Mit diesem vierten Brief schließt das eigentliche Buch, aber Tholuck hat noch fünf Exkurse angehängt, die schwierige theologische Fragen behandeln:

1. Über das Verhältnis von Apologetik, Dogmatik und christlicher innerer Erfahrung (S. 211—222),
2. Über den Pantheismus (S. 223—263),
3. Über die Erzählung vom Sündenfall (S. 264—270),
4. Über die Hoffnungen auf Wiederherstellung unter den Heiden (S. 271—280),
5. Über Vernunft und Offenbarung (S. 281—300).

„Guido und Julius" — so wurde das Buch im Volksmund bekannt — wurde ein großer Erfolg. Neun Auflagen hat es erlebt. Geschickt sind in ihm persönliche Glaubenserfahrung und wissenschaftlich-philosophische Erörterung miteinander verknüpft. Es ist wert, auch heute wieder gelesen zu werden!

Dr. Reinhard Schinzer

VON DEM VERSÖHNER[1]

Sogleich nach dem Empfange der teuren, unerwartet erfreuenden Antwort, nahm *Julius* wieder die Feder, und mit von Liebe zu seinem Geliebten, und heiligem Dank gegen den, der sie beide liebte, flammenden Herzens, zeichnete er diese Zeilen nieder: *In unserm Erlöser geliebter Freund meiner Seele!* Wenn der Sterbliche in der Minute, die zwischen seinem er-

---

[1] Aus: Die Lehre von der Sünde und vom Versöhner, 2. Aufl. Hamburg 1825, S. 63—166.

sten Lächeln liegt und seinem letzten, sich die Zeit nimmt, sich zu besinnen, warum er gekommen und warum er geht, wenn er zwischen dem Blitze des Lebens und dem Schlage des Todes seinen *Christus* findet, so steht er am *Ziele*. Du hast ihn gefunden, mein *Guido*, und hast genug gelebt. — O wie fühle ich es so tief in Deine Seele hinein, wie wohl ihr jetzt sein muß; habe ich doch selber aus dem Becher der ersten Liebe so reiche Züge tun dürfen. Wie wirst Du jetzt ruhen! — Wohl mag, wer mehr Stunden des *Schlafes* als der *Sehnsucht*, mehr *Langeweile* als *Seufzer* und *Kämpfe*, mehr *stehende* Genüsse als *fliehende* in seinem Leben zählt, wohl mag er unfähig sein, den zu begreifen, dessen Arterien Katarakte, dessen Lungenflügel Stürme bewegen. Er vermag weder seine Tränen zu fassen, noch seine Freuden, weder seine ersehnten Elysien, noch seine gefundenen. Die hohe Seele aber und die starke, deren Brust von keinem andern als unendlichen Wünschen gehoben wird, deren Herz nur Gott füllen kann, nicht einmal seine Ahnung, die wird uns verstehen. — Hat nicht einst auch mein Mund sich gegen den Höchsten gerichtet und mit ihm gehadert: Warum ist das Licht gegeben dem Mühseligen, und das Leben dem betrübten Herzen! die des Todes warten, und kommt nicht und grüben ihn wohl aus dem Verborgenen. Denn wenn ich essen soll, muß ich seufzen und mein Heulen fähret heraus wie Wasser, o daß er sich aufmachte und ich reden könnte und er antwortete! Doch der Herr antwortete und zeugete von sich selber, daß ich sprach: Siehe ich bin zu leichtfertig gewesen; was soll ich antworten! Ich will meine Hand auf meinen Mund legen. Ich habe einmal geredet, darum will ich nicht mehr antworten; zum andernmal will ich's nicht mehr tun. Ich dachte: Führe ich auch gen Himmel, so wäre er nicht da, und bettete ich mich in die Hölle, so wäre er auch nicht da, könnt' ich auch nehmen die Flügel der Morgenröte und fliehen ans äußerste Meer, auch dort wär er nicht. Da tönte mir eine Stimme: Also spricht der Hohe und Erhabene, der ewiglich wohnt, des Name heilig

ist: Der ich in der Höhe und im Heiligtume wohne, bin bei denen, so zerschlagenen und demütigen Geistes sind, auf daß ich erquicke den Geist der Demütigen und das Herz der Zerschlagenen (Jes. 57, 15). Und mit dieser Stimme hat bei mir und bei Dir derselbige Jesus, der einst die Wellen des Galiläischen Meeres bedrohte, die Wellen und den Sturm auch in unsrer Brust auf ewig, auf *ewig* besänftigt. Wie *wir's* fühlen, so fühlt's keiner, denn das brandende Blutmeer war *unseres*, aber ahnen läßt es sich doch. —
Und ich kann nun auch Dich als einen Bruder in Christo umfassen? O daß mein von Dank überwältigtes Herz Flügel hätte, um sich schlagend zu dem Ewigen aufzuschwingen und vor ihm niederzulegen! Nun mag der Sturm des Schicksals, der Welten ausweht und brennende Herzen, heranrauschen, wir stehen auf den Fels gegründet. Erst durch unsere Liebe zu dem unsichtbaren Dritten, ist auch unsere Freundschaft geheiligt worden. Wie in allem, so liebt der natürliche Mensch auch im Freunde nur sich; wie in allem, so liebt der Wiedergeborene auch im Freunde nur den Herrn. Du wirst Dich noch reichlicher füllen lassen von ihm, mein *Guido*, so werd' ich noch glühender Dich lieben können, und so Du mich. An einem Stocke sind wir Reben, an einem Leibe Glieder geworden und das eine Glied trägt das andre mit. Und wenn es nun auch manchmal wieder rauher geht, mein Geliebter! härme Dich nicht! Wie am Anfange unserer Bekehrung, so heißt es fort und fort durch das Leben: *Habe ich euch nicht gesagt, wenn ihr glaubtet, würdet ihr die Herrlichkeit Gottes sehen?* Denn wo Jesus Christus ist der Herr, wird's alle Tage herrlicher. Es kann nicht anders sein; wir sind über das Reich der Vergänglichkeit erhoben in das Reich, da kein Wandel ist. Die Glöcklein an unserm hohenpriesterlichen Leibrock mag der und jener uns abreißen, den Leibrock selbst aber bringt keiner mehr von unserm Leibe. „Du hast uns *für dich* geschaffen, und unser Herz ist unruhig bis es ruhet *in dir*. Bei dir ist große Ruhe und unzerstörbares Leben. Wer in dich

eingeht, geht in die Freude des Herrn ein, und wird sich nicht fürchten, und wird in dem Seligen selig sein immerdar" (Augustin). Wie das der heilige Augustinus vor vierzehn Jahrhunderten erfuhr, so wird's auch der letzte Christ erfahren, der auf der Erde sterben wird, wenn der Herr kommt, und ebenso erfahren es auch wir. — Der Orkan mag das gebrechliche Fahrzeug zerschellen, die Wogen mögen es zerreißen, der Wetterstrahl seine Masten zerspalten, wird es nur am Ende durch Woge und Sturm und Wetter in den Hafen geführt, so wird's *hergestellt in eine neue Gestalt* und auf *ewig* geborgen. Alle Seligkeit außer Christo besteht in zerrissenen Empfindungen und Ahnungen, welche die Tropfen auf den glühenden Lippen sind, nach denen der Durst nur heftiger wird — blendendes Wetterleuchten in der weiten Nacht, danach die Finsternis nur desto finstrer ist. Wer seine Seligkeit noch nicht anders messen kann, als nach flüchtigen Gefühlen — gleichsam über dem Moraste des Lebens flackernden Irrlichtern —, oder nach einzelnen aus großen Vergehungen entkeimenden Vorsätzen und Entschlüssen — gleichsam den Wahrzeichen untergegangener Fahrzeuge und Herzen —, der ist noch nicht auf den Fels gegründet, welcher ist das *Wort von der Versöhnung*, das allem Wandel im Menschen ein Ende macht und ihn in der Zeit die Ewigkeit erleben läßt. Du wünschest, lieber *Guido!* über diese heilige Lehre etwas von mir zu hören. Ich schreibe Dir gern darüber, denn unter dem Schreiben wird mein Herz groß, und meine Seele warm. Ich will Dir alles schreiben, was ich Dir zu sagen weiß; doch vergiß nicht dabei, daß ich meine Feder weder in die Fluten des brennenden Morgenrots zu tauchen, noch mit dem Ichor johanneisch-wehmütiger Einfalt zu füllen vermag. Hat es selbst der Jünger, der aus der vollen Brust des Heilandes sein Leben trank, nicht zu sagen gewußt, wie es ist, sondern nur wie er konnte (Aug. Tract. 1 in Joannem), so will ich mir nur als Privilegium meines Stammelns zurechnen, daß auch die *Steine* reden werden.

Der Zustand der Menschheit vor Christus

Soll ich Dir von einem Erlöser der Menschheit reden, so male Dir erst die Menschheit vor Augen, wie sie ächzend und jammernd über die unheilbaren Wunden am Wege lag, die ihr die Sünde geschlagen! Und der Priester und der Levit zogen vorüber und konnten nicht heilen; der verwundete Riese mußte in seinem Blute liegen, bis der *Samariter* kam und Balsam und Salben brachte. In dem großen vergifteten Riesenleibe des Menschengeschlechtes hat es nie an Gliedern gefehlt, welche das stockende Blut läutern und bewegen wollten; doch der vergiftete Arm konnte der vergifteten Brust, das stockende Herz dem stockenden Pulse nicht helfen. Von außen hinein mußte eine neue Lebensquelle strömen, vom Himmel her der Gottesfunke zünden. Drei Geschlechter von Menschen waren es vornehmlich, welche als Heilande und Heroen ihrer Brüder auftraten, und daß sie es taten verdiente Dank, sonst wäre der große Körper der Menschheit völlig von seinem innern Feuer verzehrt worden und zerfallen. Religionsstifter, Gesetzgeber und Weltweise waren diese Sisyphen. Groß ohne Zweifel und segensreich ist das Wirken eines Konfutse, eines Zaleukus[2], eines Pythagoras für seine Zeit, doch noch war unter ihrer Arbeit nicht zur Hälfte des Berges der Stein gewälzt, als sie starben, und mit desto gräßlicherer Eile stürzte er in seine Tiefe wieder hinab. — Was vermochten sie auch auszurichten! Der Gesetzgeber mag in Erz und Stein die ewigen Gesetze der Geschöpfe Gottes hauen, kann er ebenso in die Menschenbrust sie graben? Er mag mit der Rute der Rache die Missetat und die Vergehung züchtigen, trifft die Rute auch den Faden, der die Tat an die Lust knüpft, oder die Lust selbst? Ja, tiefer wird die Lust sich in des Busen Innerstes zurückziehen, um mit gesammelter Streitkraft desto stärker und desto klüger zu kämpfen.

[2] Der legendäre Verfasser des ersten Gesetzbuches der Griechen.

Er kann den Sünder töten, doch nicht seine Sünde. Es mag der Weltweise lehren, daß der Sturm des Schicksals nur an die Schale dringe, nicht zu der Perle; o wenn der innere Sturm des Menschen nicht schweigt, gleicht die Seele des Menschen den bloß liegenden Nerven, und jeder fliehende Windzug schneidet ins Innerste! Er mag predigen von dem Guten und dem Edlen, dem Schönen und dem Göttlichen, ohne den persönlichen, menschgewordenen Gott im Herzen ist es doch nur ein ferner Nordschein über einem Schneefelde, unter welchem der Frost nicht schmilzt und keine Blumen wachsen. Er mag hinaufweisen aus dem zertretenen Kot des Lebens nach der Milchstraße am Sirius, hat er auch Flügel für die Seele, wenn sie erwacht und nach den Sternen will? und hat er sie nicht, warum quält er sie? Der Religionsstifter ist freilich zu allen Zeiten der Prometheus gewesen, der sie in dem hohlen Rohre ein Fünklein aus dem Sternkranze unter die elenden Menschen zu holen wußte. Er ist der Stellvertreter des Höchsten auf Erden; und ob sie auch nur wie Moses den *Rücken* Gottes gesehen haben, so glänzt dennoch ihr Antlitz (2. Mose 33, 23). Aber der Mensch will mehr haben. Der Mensch braucht einen, der dem wunderlichen (Ps. 139, 6) Gott in sein *Angesicht* gesehen, der an seiner Brust gelegen, und das gilt nur von *einem* (Joh. 1, 18). Doch auch außerdem; wer das Meer befahren will, muß seine Tiefen kennen, denn es sind da mancherlei Klippen und Riffe. Nun kann aber die Finsternis sich nicht selber begreifen, es muß erst das Licht in sie hineinscheinen, „du Gott kennst mich besser als ich mich selbst kenne"; jene großen Männer hatten nun wohl ein Fünklein von diesem Lichte, jeder in seinem Maße, doch war es nicht das Licht selbst; sie hatten noch zu viel zu *raten* über dem menschlichen Herzen, als daß sie sehr ans *Heilen* gehen konnten, auch darum wollte es nicht recht mit ihrem Werke fördern. So wuchs denn also von Jahrhundert zu Jahrhundert die Auszehrung des armen Menschengeschlechts, die Kräfte wurden immer matter; wie wenn Kinder einen Riesen schössen, sanken ohnmächtig alle Pfeile der Kämpfenden zurück. Auch wenn wir gar nicht einmal annähmen, daß von besseren Zeiten her ein leises Gerücht sich unter den Siechenden erhalten hatte, welches von einem Arzt sprach, einem heiligen Manne, der einst kommen würde und alles gut machen, könnten wir uns denken, daß die bloße Sehnsucht danach eine solche Zeit und einen so heiligen Arzt erschuf. Doch möchte es wohl auch noch aus andern Gründen richtiger sein zu glauben, daß es eine göttliche Stimme war, welche am Anfange der Zeiten der menschlichen Seele etwas sagte von einem Schlangentöter und Wiederhersteller. Es klang so sehr tröstlich durch alle Geschlechter fort. Sie nannten ihn verschieden, die einen Baldur[3], die andern Krischna, die dritten Oschanderbami[4], die vierten großer Sohn der Götter, großer Sproß des Zeus; sie meinten aber alle denselben. Am meisten verlangte nach ihm das Volk Israel. Der große königliche Gast und Tröster hatte sich schon seit zweitausend Jahren so oft bei ihnen anmelden lassen, daß sie wohl ungeduldig werden konnten. Hätten sie nur eben so sehr sich bereitet, ihn mit offenen Herzen, wie mit offenen Händen zu empfangen, er wäre gewiß nicht so lange ausgeblieben. Zuletzt hatte noch der prophetische Mund ihnen den Ausspruch getan: *Siehe, ich will meinen Engel senden, der vor mir her den Weg bereiten soll. Und bald wird kommen zu seinem Tempel der Herr, den ihr suchet, und der Engel des Bundes, des ihr begehret* (Mal. 3, 1). Nun verstummten auch die Ankündiger. Wie mußte jetzt der Engel, der über der Menschheit wacht, und sichtbar über den vier Jahrhunderten schwebte, wo selbst die Prophetenstimme schwieg, und sich im Innern der Völker alles vorbereitete zu dem Augenblick, wo das Feuer Gottes auf Erden anbrennen sollte, wie mußte seine Brust beklommen sein bis zu dem Tage hin, wo es hieß: *Heute ist euch gebo-*

---

[3] Germanischer Gott
[4] Gestalt aus der zarathustrischen Religion.

ren ...! Und wie war die Zeit beschaffen, wo er erschien! Gleichsam als ob, damit ein Schnitt die Heilung desto gründlicher bewirke, der Krankheitsstoff des gesamten vergifteten Geschlechts sich in die Spanne eines Jahrhunderts zusammenziehen sollte, ehe der Arzt erschiene, offenbarte das Zeitalter der Erscheinung Christi als Greuel, deren nur die entartete Welt fähig ist, unter Juden wie unter Heiden. *Josephus* (Josephus, de bello Judaico, 1. 5. c. 10. § 5) sagt: *"Keine andre Stadt hat je solches erlitten* (wie Jerusalem), *noch ist je seit Erschaffung der Welt ein Zeitalter reicher an Erzeugung von Bösem gewesen."* Und an einer andern Stelle (Josephus, de bello Judaico, 1. 7. c. 8. § 1): *"Jener Zeitabschnitt war unter den Juden an Verderbnis aller Art sehr reich, so daß keine Schandtat ungetan blieb. Ja wenn jemand mit Überlegung hätte etwas aussinnen wollen, hätte er nichts Neues erdenken können, so waren alle im öffentlichen und im besonderen Leben angesteckt, und wetteiferten, sich zu übertreffen in Verbrechen gegen Gott und den Nächsten."* Ja derselbe Josephus bricht in die ewig denkwürdigen Worte aus (de bello Jud. 1. 5. c. 13. § 6): *"Ich darf mich nicht weigern auszusprechen, was der Zustand der Sache gebietet. Ich glaube, wenn die Römer gezögert hätten, über dieses Frevlergeschlecht zu kommen, hätte ein Erdbeben sie verschlungen, oder eine Flut sie ertränkt, oder die Sodomischen Wetterstrahlen hätten sie getroffen, denn dieses Geschlecht war gottloser als alle, die irgend etwas dergleichen litten."* Und wie lauten die Zeugnisse der Heiden über ihr Volk? *Pausanias* bezeugt (Pausanias, Graeciae descriptio, 1. VIII. c. 2): *"In meiner Zeit ist, wo nicht etwa aus Schmeichelei um der Macht willen, niemand mehr von den Menschen ein Gott worden, denn die Verworfenheit ist jetzt aufs höchste gestiegen, sie hat die ganze Erde und alle Städte in Besitz genommen."* Und *Seneca* schildert (Seneca, de ira 1. 2. c. 8): *"Alles ist voll von Verbrechen und Lastern, es wird mehr begangen, als was durch Gewalt geheilt werden könnte. Ein ungeheurer Streit der Verworfenheit wird gestrit-*

ten. Tagtäglich wächst die Lust zur Sünde, tagtäglich sinkt die Scham. Verwerfend die Achtung vor allem Besseren und Heiligen stürzt sich die Lust, wohin es sei. Das Laster verbirgt sich nicht mehr. Es tritt vor aller Augen. So öffentlich ist die Verworfenheit geworden, und in aller Gemüter ist sie so sehr aufgelodert, daß die Unschuld nicht mehr selten, sondern keine ist." — Wie nun, wenn in dieser Zeit des allgemeinen Verfalles, wo, wie Virgil singt, Erde und Himmel wankte unter der Last unermeßlicher Leiden:
„Siehe die Welt, deren schweres Gewölbe schwankt,
den Erdboden und das Meer und den tiefen Himmel",
wo alles entgegenseufzte einer seligen Umänderung,
„Und siehe, wie alles der kommenden Weltzeit sich freut!" — wie nun, wenn da der große Kranke selber wäre befragt worden, welch ein Arzt ihm kommen solle? Ach, wie hätte er seine Heilung sagen können, da er, gleich wie der einzelne vor seiner Bekehrung, seine *Krankheit* nicht kannte! Der eine forderte einen Philosophen, der andre einen König; der eine verlangte nach Zeichen, der andre nach Weisheit. Daß doch der Mensch so spät erkennt, daß der Maßstab von menschlich Großem auf göttlich Großes so wenig paßt! Daß der Mensch nicht nur die Welt, sondern auch den Ewigen nach seiner eignen Länge messen will!

Das Kommen des Erlösers

Aber der Herr war nicht in dem starken Winde, er war nicht in dem Erdbeben, und nicht in dem Feuer, sondern im sanften stillen Sausen. *„Wenn wir die Sonne"*, sagt ein großer Kirchenlehrer, *„plötzlich ihren Horizont verlassen und auf die Erde niedersteigen sähen, wie würden wir erstaunen? Nun hat die Geistersonne ihren Himmel verlassen und wandelt unter den Menschen!* Es kam ein Erlöser — ein Erretter aus aller Not, von allem Übel, ein Erlöser vom Bösen; — ein Helfer, der umherging und wohl tat, und selbst nicht hatte, wo er sein Haupt lege! um den die Tauben hören, die Lahmen gehen, die Aussätzigen rein werden, die Toten auferstehen und den Armen das Evangelium gepredigt wird; — dem Wind und Meer gehorsam sind, und — der die Kindlein zu sich kommen ließ und sie herzte und segnete ... der keine Mühe und keine Schmach achtete und geduldig war bis zum Tod am Kreuz, da er sein Werk vollendete; — der in die Welt kam, die Welt selig zu machen, und der darin geschlagen und gemartert ward, und mit einer Dornenkrone herausging!" — Da mag man wohl ausrufen: „Andres[5]! hast du je was Ähnliches gehört, und fallen dir nicht die Hände am Leibe nieder? — Man könnte sich für die *bloße Idee* wohl brandmarken und rädern lassen, und wem es einfallen kann zu spotten und zu lachen, der muß verrückt sein. Wer aber das Herz auf der rechten Stelle hat, der liegt im Staube und jubelt und betet an." — Es war die Offenbarung der größten Idee, daß der Göttliche in *Knechtsgestalt* erschien, daß er, wie Andres sagt, unter dem durch und durch verwirkten Rocke das Feuer zu verbergen wußte. So etwas war bis dahin noch nicht in der Menschen Herz gekommen. Wer was Großes sei, der müsse auch groß tun, das war der Gedanke der Welt gewesen. Darum kam er in sein Eigentum, aber die Seinen nahmen ihn nicht auf; denn wie die Kindlein am Markte pfiffen, so wollte er nicht tanzen, wie sie klagten, wollte er nicht weinen; daß er seines Vaters Willen täte, war seine einzige Speise.

Was uns nun Christus gewesen ist, fragst Du — ich will darüber reden, so gut ich's vermag. Noch immer kann man, was Christus der Menschheit gewesen und noch ist, am besten zusammenfassen unter die drei Ämter: das *Prophetische*, das *Hohepriesterliche* und das *Königliche*.

---

[5] Andres taucht hier unvermutet auf. Wahrscheinlich der kath. Prof. der Homiletik, Bonaventura Andres (1743—1822), der ein „Magazin für Prediger, zur Beförderung des practischen Christenthums und der populären Aufklärung" seit 1789 herausgegeben hat.

Der Begriff der Offenbarung

Christus war der göttliche *Prophet* der Menschheit. Es würde hier zunächst sich darum handeln, ob eine göttliche Offenbarung möglich ist? Andres würde die Frage vorkommen wie die, ob der Mensch auch einen Bart, oder eine Nase haben könne; doch ist sie allerdings einer tieferen Erörterung wert, wie alles, was ein einziges menschliches Herz, das redlich sucht, beunruhigt, nicht im Scherze abgewiesen werden darf. Gezweifelt wird, ob das, was das Christentum und Judentum Offenbarung nennt, möglich sei. Es muß hier zuvorderst der Begriff: *Offenbarung* im christlichen Sinne erläutert werden. Das Wort bezeichnet im allgemeinen eine Kundmachung Gottes. Da uns nun Gott auf sehr verschiedene Weise kund wird, so ist auch dieses Wort in gar verschiedenem Sinne genommen worden. Im weitesten Sinne ist alles Sein und Leben Offenbarung Gottes genannt worden, weil alles Sein und Leben die Erscheinung Gottes ist, wodurch er aus sich selbst hervortritt. Besonders findet nun dieses Kundwerden Gottes statt in der Natur des Menschengeistes, hier erscheint Gott auf der höchsten Entwicklungsstufe, deren seine Erscheinung fähig ist. Im engeren Sinne nannte man daher jedes vorzügliche Erzeugnis des Menschengeistes eine Offenbarung Gottes an das Menschengeschlecht, und somit auch das Christentum. Endlich wollte man in noch engerem Sinne nur in gewissen religiösen Erzeugnissen des Menschengeistes, die unter einer besonderen Leitung der Vorsehung entstanden, eine Offenbarung Gottes anerkennen. Alle diese Begriffe von Offenbarung sind jedoch nicht der christliche. Unter einer *positiven* Offenbarung, wie Judentum und Christentum sie lehren, ist zu verstehen eine Mitteilung religiöser Erkenntnisse, die nie nach den gewöhnlichen Entwicklungsgesetzen des menschlichen Geistes entstanden sein würden, sondern durch ein geschichtliches Faktum aus einer höheren Ordnung der Dinge an den Menschen gebracht wurden. Es entsteht nun zunächst die Frage, ob dieser Begriff von Offenbarung an sich betrachtet, zulässig sei.

Es wurde behauptet, der Begriff sei in sich widersprechend, wenigstens in seiner Anwendung auf die christliche Religion. Die christliche Religion enthalte unerklärliche Mysterien. Offenbarung sei Aufhellung göttlicher Dinge. Folglich könne das durch Mysterien verdunkelte Christentum nicht eine Offenbarung Gottes sein. Dieser Einwand Tolands, Rousseaus und anderer entspringt einmal aus Unklarheit in der Ansicht von Mysterien, sodann aus einseitiger Betrachtung des Christentums. Es gibt nämlich in doppelter Rücksicht eine Belehrung über Mysterien. Ich gebe eine Belehrung über eine Sache, wenn ich das innere Wesen derselben kund tue, und vermittelst positiver Bestimmungen eine Anschauung von derselben bewirke. Es gibt aber auch eine Belehrung, in der ich die negativen Kennzeichen einer Sache angebe, so daß ich, indem ich sie von einem gewissen Kreise von Dingen ausschließe, mir eine ungefähre Vorstellung davon zu machen, befähigt werde. Von den Mysterien gibt uns nun das Christentum bloß in dem letzteren Sinne eine Belehrung. Und wenn wir den *Endzweck* der christlichen Offenbarung beachten, so wird uns auch klar werden, daß wir nur eine negative Belehrung über die Mysterien bedürfen, und daher, wenn wir diese darin finden, zufriedengestellt sind. Denn nur einen Endzweck hat das Evangelium, *uns den Weg zur Seligkeit zu weisen*, nicht aber uns spekulative Weisheit mitzuteilen. Diese im Evangelium suchen, hieße den Toten bei den Lebendigen suchen. Das Hauptziel unseres Herrn war eher, den Willen der Menschen zu heiligen, als ihren Verstand zu erleuchten[6]. Wir wissen auch nicht recht — sagt Leibniz in seiner Schrift gegen Toland —, wie es mit der Magnetnadel zugeht, daß sie uns durch die stürmenden Wellen den Weg nach

---

[6] Leibniz: le premier objet de notre seigneur a été plutôt de santifier la volonté des hommes, que d'éclaircir leurs esprits.

Norden weist, und doch nützt sie uns; so nützen auch unbegriffene Glaubensgeheimnisse als Wegweiser zum Himmel. Demnach kann es uns nur darum zu tun sein, die Beziehungen genau zu kennen, in denen gewisse Glaubensgeheimnisse zu uns stehn. Zweitens aber ist auch zu bedenken, daß das Evangelium uns nicht bloß Belehrungen mitteilt über das uns verschlossene Reich der Geister und der zukünftigen Welt, sondern auch Ratschlüsse Gottes zum Heile der Menschen, die Versöhnung und Wiederherstellung derselben im Reiche Gottes, die Auferstehung samt dem Gericht usw. Die Kundmachung dieser Ratschlüsse ist nun im eigentlichen Sinne eine Enthüllung.

Eine andere Gattung der Einwürfe ist die, welche die Unmöglichkeit einer positiven Offenbarung in dem Verhältnis Gottes zum Menschen findet. Man sagt 1. Es sei Gottes unwürdig, den Menschen so zu erschaffen, daß er hernach der ihm verliehenen Erkenntnis durch eine Offenbarung noch zu Hilfe kommen und so sich gleichsam selbst verbessern müsse. Dieser Einwand setzt voraus, der Mensch sei in seinem gegenwärtigen Zustande aus der Hand Gottes hervorgegangen. In seinem ursprünglichen Zustande brauchte er allerdings keine besonderen Kundtuungen; allein da er gefallen war, da einerseits die selbstsüchtigen Willenstriebe die Erkenntnis verdunkelten, anderseits Gott bestimmte faktische Pläne an dem Menschengeschlecht ausführen wollte, wurden sie notwendig, und zwar nach den Gesetzen einer weisen Erziehung, je nach den verschiedenen Entwicklungsstufen der Menschheit verschiedene Gaben mitzuteilen. Diese Vorbereitung durch alle Zeiten hin, machte eine geschichtlich eintretende Offenbarung unerläßlich. 2. Eine solche Offenbarung Gottes müsse dann allgemein sein, sich über alle Völker erstrecken, da Gott alle auf gleiche Weise liebe. In der Antwort auf diese Frage sind auf beiden Seiten Abwege. Nicht nur prädestinatianische Calvinisten, auch lutherische Theologen beriefen sich auf die freie Gnade Gottes, das aber heißt, die Frage zur

Antwort machen; andre, in der Mitte stehend, meinten, Gott habe vorausgesehen, daß sie nicht glauben würden; die dritten erklärten, auch den Heiden würde Seligkeit zuteil werden, wenn auch nicht der Grad, den der Christ empfängt, doch ein hinreichender Grad, welcher ihrer Erkenntnis des Sittengesetzes und ihrem Wandel danach angemessen sei[7]. Allein dies kann keineswegs zugegeben werden. Der Zweck und das Endziel aller Entwicklung gefallener Menschen ist, in das Bild des Sohnes Gottes hergestellt zu werden. *Ja der Mensch, als solcher, ist zum Christentum prädestiniert*, weil sich nur dieses an alle Bedürfnisse der gefallenen Menschheit anschließt, weil nur dieses für *alle* unsere Wunden ein Heilmittel ist. Eine andre Seligkeit, eine andre Vollendung, als die in Christo, ist daher für gefallene *Menschen* eine unvollkommene. Weiser daher urteilt derjenige, welcher offen erklärt: Was hinter dem Vorhang liegt, davon hat der Herr Christus nur eben so viel gesagt, als zur genauen Not hinreicht, um ein seliges Kind Gottes zu werden. Er hat es mir nicht gesagt, was mit denen geschehen werde, die nie seinen Namen hörten, doch der, der Tyrus und Sidon ein erträglicheres Gericht ankündigte, als Chorazin und Bethsaida (Matth. 11, 21), der in die Unterwelt hinabfuhr, um abgeschiedenen Geistern das Evangelium zu predigen (1. Petr. 3, 19), der den Weisen des Morgenlandes den Stern leuchten ließ, daß sie das Kindlein in der Krippe fänden, der wird auch jenseits seinen Stern erscheinen lassen allen, die seiner Erscheinung sich freuen wollen. Daß es später als uns geschieht? Wer möchte darüber rechten? Warum läßt er den Eskimo an dem Ende der Erde erstarren, warum den Äthiopier unter der Sonnenglut verschmachten, warum Palästina veröden und Sibirien mit Schweiß bebauet werden, warum

---

[7] Am genauesten erörtert ist dies von dem tiefsten unter den sogenannten Aufklärern: *Töllner*, Beweis, daß Gott bereits durch die Offenbarung in der Natur zur Seligkeit führt, Züllichau 1766.

soll der Schwarze seit Jahrhunderten seinem Bruder Knecht sein, warum Japhet in Sems Hütten wohnen (1. Mose 9, 26 u. 27)? Sage an, weißt Du es? Wer will ihn auf die Hand schlagen und zu ihm sprechen: Was tust du? So darf man auf des Menschen Beschränkung verweisen, sobald nur von *Ökonomie* und *Anordnung* Gottes die Rede ist, nicht von absichtlicher *Verweigerung der Gnade*. Finden sich nur einst alle Glieder der großen Familie aus Abend und aus Morgen in den Friedenshütten zusammen, sei es um die dritte Stunde oder um die elfte, was sie alle empfangen, ist ja Gnade um Gnade.

Der *dritte* Einwurf gegen die moralische Möglichkeit einer Offenbarung von seiten Gottes, ist jener merkwürdige von *Kant* (Kants Kritik der praktischen Vernunft, Riga 1797, S. 264) — merkwürdig, weil in eben demselben Kant eine Erkenntnis von der Würde und der Heiligkeit des Gewissens und Gottes ausspricht, wie sie wenige Philosophen gehabt haben. — Kant sagt: „Gegenwärtig ist unsere Überzeugung von Gott nur ein Glaube. Daher hat dieser Glaube keine zwingende Kraft für uns, uns zum Guten zu nötigen, sondern die bösen Neigungen bekämpfen fort und fort die Stimme des Sittengesetzes. Dieses erreicht aber endlich den Sieg über die Neigungen, so daß das Gute um des Guten willen geschieht. Wenn wir dagegen eine Überzeugung von Gott hätten, die noch unumstößlicher wäre, als dieser auf die praktische Vernunft gegründete Glaube, *so würde Gott und die Ewigkeit in ihrer furchtbaren Majestät unablässig vor unseren Augen liegen, denn was wir vollkommen beweisen können, gilt so viel in Ansehung seiner Gewißheit, als wär's vor unsern Augen.*" Daraus zieht Kant die Folgerung: Wir würden dann allerdings das Verbotene vermeiden, aber nicht mehr aus Überzeugung und Liebe des Guten, sondern aus Furcht, die Vernunft würde sich nicht mehr allmählich emporarbeiten können im Kampf mit den Neigungen, und wir wären Maschinen. Hierauf ist zuerst zu antworten, daß Kant wieder in seinem Grundirrtum steht, Gutes und Gott lieben für zwei verschiedene Dinge anzusehen, und ein Befolgen des Sittengesetzes, um seiner selbst willen, unterscheidet von der Befolgung desselben um Gottes Majestät willen, da ja doch eben Gott *im* Gewissen dem Menschen in seiner Majestät erscheint. Desgleichen setzt er auch wieder den falschen Satz voraus, ohne Kampf gäbe es keine Tugend, da der Christ weiß, wie eben die höchste ohne Kampf ist. Die Folgerungen indes, welche aus jenem Satze gegen die Offenbarungslehre folgen sollen, machte erst *Fichte* in ihrer ganzen Ausdehnung (Fichte, Versuch einer Kritik aller Offenbarung, Königsberg 1792). Er beging insbesondere den großen Fehler, diejenige Überzeugung, welche das Christentum oder auch andre Offenbarungen von göttlichen Dingen uns gewähren, für ein *Schauen* zu halten. Denn nur wo diese Annahme stattfindet, kann man jenen kantischen Satz — das kantisch Unwahre darin übersehend — anwenden zur Verwerfung einer Offenbarung. Christus selbst, der Gottmensch, *schaute* allerdings, wenn er von Gott redete, doch auch nur nach seiner göttlichen Natur. Die Apostel dagegen, auch wenn sie übernatürliche Eröffnungen erhielten, waren nur an den Glauben verwiesen. Feststehen müssen nämlich diese Erklärungen: *Beweisen* ist ein Annehmen von Wahrheiten auf dem Grund vorhergegangener, noch gewisserer Wahrheiten, ein *Weisen auf* Gewisseres. Von Gott kann es daher keinen Beweis geben, weil er als der Grund alles Seins das Gewisseste ist. *Beweis gibt also eine Überzeugung* aus zulänglichen, mittelbaren, objektiven Gründen. *Glaube* ist das Eingehen des Willens des Menschen in göttliche Eröffnungen, so daß er die Wahrheit derselben in sich erlebt. *Glaube ist also eine Überzeugung* aus unumstößlichen, unmittelbaren subjektiven Gründen. *Schauen* ist das Einswerden des sich Überzeugenden und des wovon man überzeugt wird, so daß das Erkennen durch das Sein gegeben wird. Daher heißt es in der Schrift: Wir werden Gott schauen, dies wird uns erklärt durch einen andern Ausspruch: Wir werden ihn erkennen, wie wir von ihm erkannt sind. Gott, welcher ohne Organe erkennt, erkennt auch ohne Zeitintervalle; da Gott das Sein aller Dinge bedingt, erkennt er auch ihre Totalität. Er erkennt also, indem er ist; so werden wir ihn erkennen, indem wir in ihm sein werden.

Noch ein *vierter* Einwurf gegen *die moralische Möglichkeit einer Offenbarung* ist der: Habe Gott einmal völlige Gewißheit über alle himmlischen Dinge gegeben, so strenge die Vernunft sich nicht mehr genug an (Schmidts Moralphilosophie). Nach diesem weisen Grundsatz wird hinfort der Kranke keinen Arzt mehr rufen dürfen, damit ja die Angst seiner Seele nach Heilung und Gesundheit ihn zur Förderung der Arzneikunde treibe! Wer *den* Grund aufgestellt, hatte wohl Schleimdrüsen statt der Tränendrüsen, statt eines wallenden Herzens eine Bleikugel, er kannte die Seufzer eines mit der Schöpfung sich sehnenden Gemütes, er kannte das Staub- und Ascheessen der heiligen Männer des Altertums nicht.

Endlich ist aber auch drittens die Unmöglichkeit einer positiven Offenbarung von seiten des Menschen aus behauptet worden. Und zwar ist zuerst gesagt worden, daß der Mensch kein Vermögen habe, sich eine Offenbarung anzueignen, die nicht aus seinem eignen Wesen nach den Entwicklungsgesetzen desselben entsprungen ist. Etwas, das sich nicht aus dem Menschen entwickeln könne, könne auch gar nicht *für ihn* da sein, es gehöre nicht für ihn als Menschen. So urteilt zunächst der Pantheist. Da nach dem Pantheismus jedes Ding nicht anders sein soll, als es wirklich ist, so gibt es auch für ihn kein anderes Reale als das Gewordene, das der Idee nach sich als notwendig dartun lasse. Die Leugnung einer positiven Offenbarung ist allerdings innerhalb des Pantheismus *notwendig*, insofern er ja keine sichere Weltordnung, als die in der Wirklichkeit erscheinende und durch die Idee zu erklärende, anerkennt, und daher auch niemand unternehmen kann, ihm eine *Offenbarung* einer höheren Weltordnung als die erscheinende ist, beweisen zu wollen. Es wird indes auch der oben angegebene Satz ausgesprochen von Deisten, denen das Verhältnis einer positiven Offenbarung zu userm Geist nicht klar geworden. Träten nämlich durch eine positive Offenbarung die göttlichen Dinge so in unser Inneres, wie sie in Gott sind, so wäre dies allerdings ein Aufheben der Form des menschlichen Geistes, und es gälte von so einer Offenbarung, daß sie für uns als Menschen nicht ist. Allein jede Offenbarung Gottes ist ja eine Herablassung Gottes. Gott tut uns, indem er uns zu sich hinaufzieht — und zwar besteht ja die Kunst jeder Erziehung eben in der Herablassung —, die göttlichen Dinge *menschlich* kund, das heißt, so wie wir sie fassen können. *Tertullian* (adv. Marcionem, c. 27): „Gott konnte nur mit Menschen sich in Verbindung setzen, wenn er auch menschliches Denken und Fühlen annahm, wodurch er die Gewalt seiner Majestät, welche die Menschen nicht würden haben ertragen können, nach Maßgabe der menschlichen Beschränktheit mäßigte." So müssen wir denn sagen: Wenngleich die positive Offenbarung uns Wahrheiten mitteilt, die nimmer sich aus unsrer eignen Natur entwickelt haben würden, so teilt sie uns doch diese in der Form mit, welche der Anlage unseres Geistes angemessen ist. Gregorius von Nyssa sagt sehr gut, so wie man sich dazu herablasse, mit dem Stummen redend, ihm Zeichen der Stummen zu machen, statt Worte zu reden, so seien alle göttlichen Worte an uns nur Zeichen. Deshalb ist auch oft schon der Ausspruch getan worden, die heilige Schrift sei ebenfalls eine Menschwerdung Gottes. Wie fassen wir es z. B., was uns gesagt werden soll, wenn die Schrift von einem Sohne, einem Worte Gottes redet? Das wissen wir eben so wohl als der Koran, daß Gott kein Weib hat, mit dem er zeuge, und keine Zunge, mit der er rede. Aber indem der Mensch zu Gott gezogen werden soll, muß Gott sich zum Menschen herablassen. Jenes Bild bezeichnet in der menschlichen Ordnung ein ähnliches Verhältnis, wie das, was wir in der göttlichen zwischen dem Vater und dem Sohne, wie wir ihn nennen, annehmen müssen. Darum gel-

ten Verhältnisse der niedern Ordnung für Wesen der niedern Ordnung als Symbole für die Dinge der höhern Ordnung.
Ein zweiter Einwurf gegen die Möglichkeit einer positiven Offenbarung von seiten des Menschen aus, ist dieser: Was von absoluten Wahrheiten auf dem Wege historisch-positiver Offenbarung an den Menschen gekommen, kann keine unumstößliche *Gewißheit* für ihn haben. Absolute Wahrheiten: Glaube an Freiheit, an das Dasein eines absoluten Urwesens usw., können nicht auf dem Wege geschichtlicher Überlieferung an und in den Menschen gekommen sein. Was das Leben des Menschen mit königlicher Macht über den Geist regieren soll, das kann nicht ein von Vater auf Sohn äußerlich tradiertes Erbgut sein. Darum kann positive Offenbarung nichts tun, als eingeborene göttliche Wahrheit zum Bewußtsein bringen, dadurch, daß nach göttlicher Fügung diese Wahrheit gerade in einem besonders lebendig hervortritt. So sprach insbesondere *Jacobi*[8] (in der Vorrede zu dem Buche über die göttlichen Dinge), gegen Claudius streitend. Er sagt ferner: „Christus war der Höchste unter den Reinen und der Reinste unter den Hohen, der mit seiner durchstochenen Hand die Welt aus ihren Angeln hob, doch außer der Idee ist dieser Göttliche nichts, was dir noch wert sein könnte. *An* ihm hast du nicht gelernt, *an* ihm dich nicht aufgeschwungen, sondern *mit* ihm. Wie die Herrlichkeit Gottes in Christo verborgen lag, so liegt sie in jedem, der Mensch heißt. Es ist die äußere Offenbarung Gottes der Mitlaut, der ohne den Selbstlaut nicht ausgesprochen werden kann." Ähnlich spricht *Fries* in: Über deutsche Philosophie, Art und Kunst, Heidelberg 1812.
Zu erwidern ist auf jenen Einwand: Allerdings können absolute Wahrheiten, allerdings kann das Bewußtsein unserer Persönlichkeit, das Gewissen, der Glaube an eine letzte Einheit alles Seins, nicht durch äußerliche Erzählung oder Überlieferung an den Menschen gekommen sein, aber wohl kön-

---

[8] Philosoph des deutschen Idealismus (1743—1819).

nen diese absoluten, dem Menschengeiste eingeborenen Wahrheiten durch geschichtliche Offenbarungen bestätigt, geläutert und erweitert werden. Was wissen wir denn von Gott ohne positive Offenbarung? Daß es eine letzte Einheit aller Dinge gibt, und mehr nicht. Ein leeres abgezogenes Eins oder Sein! Denn der Gott des Deismus hält keiner Spekulation stand! Und doch wird für den, der an keine Offenbarung glaubt und einen Geist besitzt, der siegen will oder erliegen, konsequente Spekulation die einzige Führerin sein! Wie blind ist nicht ohne Christus selbst das Gottesauge des Gewissens in uns! Wo ist der Weise des Altertums, dem das Gewissen das Ideal wahrer Heiligkeit gezeigt hat? Wer erkannte es, ehe Christus kam, daß die *Knechtsgestalt* das Insigne des Sohnes Gottes ist? Vielmehr wird eine wahrhafte Erkenntnis dieser uns angebornen Vernunfterkenntnisse und der Art, wie sie uns eingeboren, uns das Bedürfnis zeigen, daß diese göttliche Kraft von außen her belebt zur Wirkung werde. Wie der Magus im Norden[9] sagte: „Ich habe es bis zum Ekel und Überdruß wiederholt, daß es den Philosophen wie den Juden geht, und beide nicht wissen, weder was *Vernunft* noch was *Gesetz* ist, wozu sie gegeben: zur Erkenntnis der Unwissenheit und Sünde — nicht der Gnade und Wahrheit, die *geschichtlich offenbart* werden muß, und sich nicht ergrübeln, noch ererben, noch erwerben läßt[10]." Aber außerdem ist zu bemerken, daß das Evangelium uns auch nicht bloß Erleuchtung samt Erweiterung jener uns eingeborenen Wahrheiten gewährt, sondern Tatsachen des göttlichen Ratschlusses, welche kein Geist a priori *machen* kann. Es ist hier die Rede von

---

[9] Der Magus im Norden ist Johann Georg Hamann (1730—1788).
[10] *Solger, Philosophische Gespräche*, Berlin 1817, S. 240: „So verhält es sich, daß die vollkommene, aber sich selbst überlassene Vernunft nur von dem die Notwendigkeit einsieht, was uns durch die Liebe Gottes offenbart ist, und daß uns die göttliche Gnade dasjenige als etwas Lebendiges und Gegenwärtiges offenbart, wovon die Vernunft die Notwendigkeit erkennt, ohne es selbst schaffen zu können."

einem verborgenen Sinne des Herrn, einem ewige Zeiten hindurch verschwiegenen und verborgenen Geheimnisse und daran rät der Spekulant vergebens herum, dies gibt allein geschichtliche Mitteilung Gottes. (Siehe hierüber das schöne Werk von *Kleuker:* Neue Prüfung der Beweise für die Wahrheit der Göttlichkeit des Christentums. Riga 1787 bis 94, 4 Teile.)

Klagen über die Verborgenheit Gottes vor Christus

Sonach *kann* denn also Gott dem Menschen sich offenbaren, er *kann* dem Menschen erschließen, was er nach dem natürlichen Gange seiner Entwicklung nicht würde gefunden haben. Dieses letztere wohl fühlend, klagen auch die Weisen der Alten, daß der Wille der Götter so gar unerforschlich sei. *Solon* singt: „Gänzlich verhüllt ist der Sinn der Götter den Menschen." Und *Pindar* singt: „Hofft ein Mann den andern an Weisheit zu übertreffen? Der Götter Ratschlag zu erforschen, bleibet doch dem Menschen schwer, er ist von sterblicher Mutter geboren." — Und *Hesiodos:* „Unter den auf Erden wandelnden Menschen ist kein Weissager, der den Sinn des Ägide tragenden Zeus erkannt hätte." (S. Clem. Alex. strom. 1. I. c. 14.) Daher sagt *Sokrates* (Xenoph. memorab. 1. I. c. 2): „Was die Götter zu lernen verstatten, das müssen wir lernen, was aber nicht, durch Weissagungen vernehmen." Und *Aristarch,* Zeitgenosse des Euripides: „Es ist gleich, wohl reden oder nicht wohl reden, gleich, erforschen und nichts wissen. In den göttlichen Dingen wissen die Weisen nichts mehr als die Unweisen. Will aber einer weiser sein, denn der andere, so ist er übermütig, wo er dieses sagt." Ferner *Euripides* im Philoktet: „Warum, auf den alten Sitzen sitzend, versichert klärlich ihr das Göttliche zu wissen? *Solche Nachrichten stammen nur von Menschen her, denn wer sich rühmt von den Göttern etwas zu wissen, weiß gar nichts, sondern überredet nur durch eitle Worte.*" Und *Anaxandris* in den Kanephoren: „Wir alle sind in göttlichen Dingen Toren, und wissen nichts." *Xenophanes* der Eleate urteilt: „Gott weiß die Wahrheit, über Sterbliche ist der Wahn verhängt." *Sophokles* endlich: *„Verbergen die Götter das Göttliche, so wirst du es nicht kennen lernen, auch wenn du alles betrachtend umhergehest."*

Trefflich ist daher, um dieser Unwissenheit in göttlichen Dingen willen, der Schluß des Komikers *Philemon:* „Glaube an Gott und verehre ihn, doch bespekuliere ihn nicht, du würdest davon doch keine Frucht als eben dein Spekulieren haben. Ob er ist, ob nicht, das wolle nicht erforschen. Verehre ihn als seiend und immer gegenwärtig seiend. Was Gott aber ist, das will er dich nicht wissen lassen[11]." — Darum spricht auch der vortreffliche *Plutarch* das Bedürfnis nach einer neuen Offenbarung Gottes unverhohlen aus, indem er sagt (Plutarchus, de Pythiae oraculis, c. 24): „daß die Worte wie Münzen gelten. In alter Zeit sei weit mehr Begeisterung unter den Menschen gewesen; damals sei Geschichte und Philosophie und Religion und das ganze Leben Poesie gewesen, daher hätten nach den Bedürfnissen der Menschen auch die Götter ihre Aussprüche in hochdichterischen Ausdrücken gegeben. Jetzt aber, zu seiner Zeit, sei man weit einfacher und prosaischer geworden, *daher erfordere auch das Bedürfnis seines Zeitalters einfache ungezierte Götteraussprüche."* —

Blicke nun hin, nachdem Du alle diese Aussprüche vernommen, auf den mit unauflöslichen Ketten an den Kaukasus des Erdballs seit vierzig Jahrhunderten geschmiedeten Prometheus der Heidenwelt, wie in der langen, langen Zeit der Geier immer tiefer seine Leber durchgräbt, und er kann sich nicht helfen! Wie wird ihm zumute sein, wenn er die Füße seines Herkules von ferne hört! Und zwar bedarf der Mensch

---

[11] Alle diese sehr anziehenden und merkwürdigen Aussprüche des Altertums hat zusammengestellt Stobaenus, Eclogae Dialecticae et Ethicae, Gottingae 1801. ed. Heeren c. 1.

in göttlichen Dingen *göttliche* Gewißheit. Dem Menschen, sagt unser Wandsbecker[12], muß etwas wahr und heilig sein! Und das muß nicht in seinen Händen und nicht in seiner Macht sein, *sonst ist auf ihn kein Verlaß,* weder für andere noch für sich. Die Heiden fühlten es wohl, was es hieße Lehrer zu haben, denen es nicht in Gleichnissen und Rätseln widerfährt, sondern mit denen Gott von Mund zu Mund spricht wie ein Mann mit dem andern. Die sich nicht bekehren wollten, die erschufen sich daher kräftige Irrtümer von Ähnlichkeit mit der Wahrheit, wie denn in dieser Absicht Porphyrius seine Sammlung Orakelsprüche anstellte, als unmittelbarer göttlicher Offenbarungen, aus welcher Eusebius in seiner praeparatio evangelica so häufig Stellen anführt und widerlegt. Der Heide sagt von dieser seiner Sammlung (Eusebii praepar. evangel. 1. IV. c. 7): *„Welches der Nutzen dieser Sammlung sei, werden die am besten wissen, welche einst, nach Wahrheit schmerzlich verlangend, beteten, es möge ihnen eine Göttererscheinung zuteil werden, damit sie durch den zuverlässigen Unterricht der Lehrenden Ruhe aus ihren Zweifeln erlangen möchten."*

Das prophetische Amt Christi

Erwägt man nun dies allgemeine Gefühl von der Ohnmacht der menschlichen Erkenntnis, diese Sehnsucht nach objektiver, unwandelbarer Gewißheit, so erhellt hieraus, welch ein wichtiges Amt des Erlösers selbst das *prophetische* war. Und was tat er und war er als Prophet? Je nach den Bedürfnissen der Zeiten hatte Gott Strahlen seiner Sonne an den einzelnen Verkündiger seines Willens ausgeteilt, hier sehen wir sie alle in dem einen zusammenlaufen. Jene hatten, was ihrer Zeit Not tat; Christus empfängt, was allen Zeiten Not tut. Gott hat ihm den Geist gegeben ohne Maß (Joh. 3, 34). Wie Philo[13]

[12] Gemeint ist Matthias Claudius.
[13] Jüdischer Philosoph. Zeitgenosse des Paulus.

den Logos die Metropolis aller göttlichen Kräfte nennt, so ist Christus die Metropolis aller göttlichen Offenbarung. Ist das Heidentum die sternbesäte Nachtseite der Religion, das Judentum die helle Mondnacht, so borgt der Mond und alle Sterne das Licht von der Sonne, nur was sie von Nacht und Schatten haben, ist ihr eigen. Was der Heiland als *Lehrer* sei, was ihn als solchen auszeichnet, das sagt er in den Worten: *Ich bin der Weg, die Wahrheit und das Leben!* Siehe die sieben Brote in der Wüste, von denen viertausend satt werden! Wohl weiset der menschliche Lehrer nach dem Ufer jenseits, wohl lockt und reizt er die Seele, aber Worte sind keine Fahrzeuge, Ermahnungen keine Flügel. Doch wo Wort und Kraft eins geworden, wie in Christi Lehre, da ist jedes Wörtlein ein Eliaswagen, die Seele läßt ihren Mantel fliegen und steigt nach den Wolken. Laß mich auch Dir aus unserm Kirchenvater Luther einige Worte hersetzen, die er zu diesem Spruche gesagt (Luthers Werke, Altenburger Ausgabe, Th. VII. S. 64): „Darum, wenn das Stündlein kommt, da unser Tun und Werk aufhören muß, und wir nicht länger allhier zu bleiben haben, und diese Disputation angeht: Wo nehme ich nun eine Brücke oder Steg, der mir gewiß sei, dadurch ich hinüber in jenes Leben komme? Wenn man dahin kommt, sage ich, so siehe dich nur nach keinem Wege um, so da heißen menschliche Wege, und unser eigen Gut, heilig Leben oder Werk, sondern laß solches alles zugedeckt sein mit dem Vaterunser, und drüber gesprochen: Vergib uns unsre Schuld. Und halte dich allein zu diesem, der da sagt: *Ich bin der Weg.*
— Wer davon nichts weiß, führt diesen Reim:
Ich lebe und weiß nicht wie lange.
Ich sterbe und weiß nicht wann.
Ich fahr und weiß nicht wohin.
Mich wundert, daß ich so fröhlich bin.
So sollen die sagen, so diese Lehre nicht wollen hören, noch den Weg annehmen, und ihr lebelang vergeblich andere Wege suchen. Denn also stehet, und muß stehen des Menschen

Herz, so es ohne Christo ist, daß es immerdar hanget und pampelt in solchem ewigen Zweifel, Schrecken und Zagen, wenn es des Todes gedenkt, daß es nicht weiß wo aus. Darum soll ein Christ nur getrost diese Reimen umkehren, und also sagen:
Ich lebe und weiß wohl wie lang,
ich sterbe und weiß wohl wie und wann
(nämlich alle Tage und Stunden für die Welt),
ich fahr und weiß Gott Lob wohin,
mich wundert, daß ich *noch traurig bin.*"
Christus weist nicht bloß den Weg, der von der Erde zum Himmel führt, er *ist* der Weg, indem durch das Einswerden mit ihm der Mensch sofort beginnt dem Himmelreich anzugehören. Christus weist nicht bloß was Wahrheit ist — er *ist* die Wahrheit, in dem das Allerheiligste der Offenbarungen Gottes an die Menschheit in seiner Erscheinung aufgeschlossen und durch das Einswerden mit ihm der Mensch alles erfährt, was ihm als Menschen zu wissen Not ist. Christus weist nicht nur das Leben — er *ist* das Leben, in dem durch das Einswerden mit ihm der Mensch sofort die Genüsse des göttlich-seligen Lebens empfängt, den Frieden, *den* Frieden, den die Welt nicht kennt. Es ist ein Rabbuni, den der Weltkreis nicht beschloß. Was er daher gibt, das ist nicht entlehnt, auch nicht erbettelt und ertrotzt, wie alles Menschliche, es ist ein ewiges Erbgut, und *aus der ersten Hand nimmt man doch lieber, es ist auch frischer und schmeckt mehr nach Grummet von der Wiese.* Was lehrte Christus Neues? Was er lehren sollte, das war alles schon vorhanden in dem Glauben seines Volkes. Es lag und schlummerte die geflügelte Psyche in der gealterten Puppe des Judentums, Christus brach die Puppe, und die Psyche breitete ihre Flügeldecke aus[14].

[14] Dieses Herausbilden des Christentums aus dem Judentum, als aus seiner von Gott selbst gelegten Grundlage, wird gezeigt in: *Köppen, die Bibel, ein Werk der göttlichen Weisheit*, Rostock 1782. 2 Teile, und: *Apologetische Winke für das Studium des Alten Testaments* von *Tholuck*, Berlin 1821.

Besonders wichtig sind unter den Lehren Christi zuerst: *die von einem jenseitigen Leben und Gericht.* Einseitige Apologeten, wie *Paley, Bonnet,* nach Bonnet auch *Johannes von Müller,* haben auf diese Lehre wie auf eine Hauptgrundlehre des Christentums hingewiesen, ja seine Göttlichkeit besonders daraus darzutun gesucht, welches aber nur zeugt von Mangel an Einsicht in die Tiefen der großen Heilsanstalt. Freilich war jener Glaube bei den Völkern der alten Welt nur ein bleiches Mondenlicht, das auf den Wellen der von Stürmen und Leiden bewegten Seele unsicher schwankte, doch war er nichtsdestominder ein Manna in der Wüste, das wenigstens die labte, denen die Fleischtöpfe des Apislandes nicht behagten, es war das Städtlein auf dem Berge für die Lots der Heidenwelt, von welchem Städtlein geschrieben steht: Ob sie auch klein ist, will ich mich doch darin retten, daß meine Seele lebe. Und was sollte man vom Islam sagen? Doch nicht den einzigen Unterschied seiner Lehre über Jenseits darin setzen, daß sein Paradies voll Weiber und Wein ist? Wie nicht alle Christen jenseits einen schönen Garten und Harfenspiel zu finden meinen, so hat auch der Islam seine Leute, welche drüben *Gott zu schauen* hoffen. Vernimm, wie sich in dem trefflichen Werke: *Buch der vierzig Grundsätze des Glaubens* der Imam *Ghasali*[15] (Kitab Elarbain fi ussul oddin, cod. ms. Berol. Fol. 260—268 und 240) äußert, einer der wärmsten und geistreichsten Mohammedaner: „Du wirst nun vielleicht begehren, den Begriff Tod genauer zu erkennen, dies kannst du aber nicht, wenn du nicht vorher genau erkannt, was *Leben* heißt, und dies kannst du nicht eher, als bis du deinen eignen Geist erkannt. Einmal besitzest du den körperlichen Geist, den auch die Tiere haben, dieser Geist ist unempfänglich für *Erkenntnis* und *Glaube. Wie es sich mit diesem Geist eigentlich verhalte, darf ich nicht sagen, denn das fassen nur die in Weisheit fest Gegründeten.* Doch will ich den Zustand

---

[15] Islamischer Philosoph und Mystiker (1059—1111).

des Todes beschreiben. Die Sinne waren es, welche dem Geiste die ersten Kenntnisse zuführten, sie sind wie das Netz, das Werkzeug, das Lasttier. Mag nun immerhin das Netz vernichtet werden, so bleibt doch der Fischer, ja seine Last ist geringer, denn er braucht sich nun nicht mehr mit dem Netz zu tragen. Deine Glieder raubt dir der Tod, aber dein Du bleibt, gleich wie du durch den Assimilationsprozeß als Greis ein ganz andrer bist, denn du als Jüngling gewesen, und doch derselbe Du. Deine Strafe aber, wenn du sinnliche Dinge liebtest, wird dann sein, daß du am Anblick Gottes wirst verhindert werden, und jene Dinge dir verschwinden. Du wirst nun sagen: wird nicht aber von gelehrten Männern gelehrt, daß Schlangen und Skorpione uns peinigen werden? Ja, und dies ist wahr, aber nicht im Leibe und am Leibe suche jene giftigen Tiere; der vielköpfige Drache ist in der Seele. Da war er schon als du lebtest, doch wegen des Genusses, den er auf der Welt hatte, ward er nicht gefühlt. Jeder seiner Köpfe ist eine Lust, damit der Mensch an der Welt hangt. Willst du mir einwenden, daß ich hier von der Ansicht der *Gemeinde* abweiche, so leugne ich das nicht, *es ist aber auch so in der Ordnung der Dinge; die Gemeinde bleibt im Ort, wo sie geboren ist, nur einzelne sind es, die über die Grenze wandern.* — Dem höheren menschlichen Geist ist Kenntnis das Eigentümlichste, je höher die Erkenntnis, desto erfreulicher; die höchste aber ist die Gottes und so auch die erfreulichste. Wenn nun aber auch die Wonne dieser Erkenntnis sehr groß ist, die der Geist des Menschen hier auf Erden davon hat, so ist sie doch gar nicht zu vergleichen mit der des *Anschauens* des Antlitzes Gottes in der andern Welt. Doch ferne sei es, hier das Anschauen Gottes so zu verstehen, wie das Volk und einige Dogmatiker, welche es sinnlich wie das Vieh verstehn. Nein, es bedeutet dies, daß das Bild Gottes und sein wunderbarer geregelter Inbegriff von Glanz, Würde, Klarheit in das Herz des Erkennenden wird eingeprägt sein, wie das Bild der Sinnenwelt in deine Sinne. So wie du einen Gegenstand dir bei geschlossenen Augen vorstellen kannst, und wenn du die Augen öffnest, eben so findest, nur unendlich klarer, *so wird das Verhältnis unsers Schauens jenseits sein zu unserer diesseitigen Erkenntnis Gottes.*" — Was das Christentum in bezug auf das jenseitige Leben Neues lehrt, gerade das ist von seinen Verteidigern nicht aufgefaßt worden, nämlich daß es kein seliges Leben gibt ohne ein heiliges, und kein anderes wahrhaft heiliges als das in Christo, weshalb auch nicht von einer dürren Unsterblichkeit die Rede ist, sondern von einem ewigen Leben, von welchem es auch heißt, daß es schon hier in den Herzen der Wiedergeborenen beginne.

Die andere Lehre, dadurch das Christentum besonders im Verhältnis zum Heidentum sich auszeichnet, ist die der *Vorsehung Gottes im kleinsten*. Auch diese wurde viel zu sehr von den Apologeten gepriesen, mit Herabsetzung dessen, was andere Völker davon kannten. Sprang nicht Arion der Sänger mutvoll in die Fluten, damit er eine feste Meinung über die Götter gewinne, wie Plutarch sich ausdrückt (Plutarchus, septem sap. conviv. c. 18)? Und was sagt unser Mohammedaner Ghasali darüber (cod. ms. Fol. 231)? „Es gibt im Vertrauen zu Gott mehrere Stufen. Die erste ist die des Güterbesitzers zum Sachwalter. Ohne Liebe, bloß aus Pflicht traut er ihm und versieht sich des Besten, ist aber dabei nicht ohne Sorge, der Sachwalter möge doch einmal seines Geschäftes vergessen. Die zweite ist die des Vertrauens des Kindes zur Mutter. Das Kind wird durch Liebe und natürlichen Drang zur Mutter hingezogen. Die dritte ist die des Toten unter der Hand des Wäschers. Der Knabe schreit nicht mehr zur Mutter, klammert sich auch nicht an ihren Saum, er weiß, wenn er auch nicht schreit, wird die Mutter ihn doch holen, und wenn er auch nicht um Milch bittet, ihn doch säugen." — Dies ist doch ein Glaube an Vorsehung, der ausruft: Herr, nicht die Füße allein, sondern auch die Hände und das Haupt! ja vielmehr den lebendigen Menschen mit dem lodernden Herzen will er zum toten mit dem ausgebrannten machen.

Das dritte große Lehrthema Jesu war die wiederholte Darstellung der drei Grundäußerungen christlicher Selbstverleugnung: des *Glaubens*, der *Demut* und der *Liebe*. Predigte *Christus* von Glauben, Demut und Liebe, so tönten allerdings die Saiten viel höher, als bis dahin je in irgend einer Religion, denn das *Ideal in Knechtsgestalt* war auf der Erde was Neues. Einen Anflug davon kann man freilich auch *dem Sohn der Wehmutter*[16] nicht absprechen, mit dem zerrissenen Mantel und den bloßen Füßen, der wie im Gesichtszug (was Alkibiades bemerkte) so auch in Gestalt und Gewand unter dem hölzernen Silen[17] das silberne Götterbild verhüllte; doch wurde es ihm auch ein gut Teil leichter, da er unter dem Mantel keinen Donner zu verbergen hatte, um das Haupt keinen Heiligenschein. In des Nazareners Predigt war, was er von Glaube, Demut und Liebe sagt, ein Lied in so viel höherem Chor denn alle andre Predigten dieser Art, als aus seinem Munde das *Friede sei mit euch!* über alle *Schalom Lechem* der Juden war. Sein Glaube, seine Liebe und seine Demut waren mit Blut besprengt und hatten zur Überschrift: Hier ist mehr denn Salomo! (Matth. 12, 42). Darum duftet es auch aus ihnen wie ausgeschüttete Salben. Die Welt hat zwar auch einen Glauben, ist aber dem des Propheten sehr ähnlich, da den Kürbis der Wurm stach[18], und daß Berge dadurch versetzt wurden, hat man eben nicht vernommen; sie hat zwar auch eine Demut, die den Meister nicht anders als mit dem Kusse verraten will, daß sie aber den Schurz umgegürtet, Wasser in ein Becken gegossen und ihrem Verräter den Fuß gewaschen, hat man nicht von ihr vernommen (Joh. 13); sie hat zwar auch eine Liebe, welche wohl dem dürstenden Gekreuzigten Essig mit Myrrhen reicht und mir nichts tut, wenn ich ihr nichts tue, daß aber auch das Leben nicht geliebt wird bis in

---

[16] Sokrates, dessen Mutter Hebamme war.
[17] Silen = zweibeiniges Fabelwesen der griechischen Sage mit menschlichem Oberkörper und Pferdeleib.
[18] Anspielung auf Mohammed.

den Tod, ja bis in den Tod am Kreuz, hat man auch nicht von ihr vernommen. Das nämlich ist noch bei dem Lehramte Christi das besonders Große und Heilige, daß von Anfang bis ans Ende sein Leben eine Tat der Liebe war. Ist nun aber Liebe jene himmlische Gewalt, durch welche bewogen der Mensch sehnsüchtig wird, sich selbst mit seinem Willen im Willen und Sein des geliebten Gegenstandes untergehen zu lassen; ist Vereinigung das Ziel der Liebe, so wird schon hieraus offenbar, wie Christi Lehre weit mehr als jene andre ein Eigentum des Herzens werden müsse, da ja mehr, als in dem Leben irgend eines anderen, in Jesu Leben die von göttlicher Milde triefenden Fußstapfen der Liebe offenbar sind. Das Herz kann nicht anders, es wird überwältigt, es ruft: Du bist mir zu stark geworden, ich ergebe mich! und weinend stürzt es sich an die Brust des großen liebenden Propheten. Wo aber Liebe Gebieter, Gebot, Hebel und Krone in einem ist, da sagt der Kämpfer: *Und seine Gebote sind nicht schwer.* Das soll einmal einer von Herzen nachsagen, der aus einer andern Schule kommt als aus der von Kapernaum. Der Hirtenstab meines Nazareners reicht doch noch etwas weiter als der Königsberger Korporalstab des kategorischen Imperativs[19], und wär's auch das nicht, so ist man doch lieber ein Lamm auf grünen Auen und an stillen Wassern, als ein Soldat in Reih' und Glied.

Doch die eine Lehre ist noch ungenannt, um die sich, wie um ihre Sonne, alle anderen bewegen, jene Lehre, durch welche der ganze Erdball aus seinen Angeln gehoben, der sichtbaren Schöpfung das Privilegium einer ersehnten Unvergänglichkeit, einer gefallenen Geisterwelt die Herrlichkeit der Kinder Gottes erteilt worden, *das Wort von der Versöhnung.* Aus Christi Munde erschallte es selten (Joh. 3, 14—17; 6, 8—57; 12, 24; 10. 15; Matth. 20, 28; Mark. 10, 45), und wo

---

[19] Gemeint ist die Moralphilosophie Kants, der in Königsberg gelehrt hat.

es erschallte, oft nur in Rätseln und Gleichnissen. Siehst du auch hier einen Nebelfleck, meine Seele? Nur zu! Greif' nach dem durch Gottes Geist bewaffneten Auge, und er wird in Sternbildern und Sonnen sich entfalten. Gleichwie nur die Henochsseele, die schon hienieden neben dem offenbaren Leben ein verborgenes geführt, durch den verdeckten Himmel ihrer Brust am Auferstehungsmorgen die Hieroglyphen des Offenbaren wird zu deuten wissen, weil sie ihn im Bilde und Gleichnis schon in sich trug, so vermag in dem Worte von der Versöhnung über der Dornenkrone die feurigen Zungen nur *das* Herz zu sehen, das in neuen Sprachen redet, das die Kräfte einer zukünftigen Welt kennt, welche eben von Golgatha aus sich ergießen. Eben dies ist es, was der Heiland selbst sagt (Joh. 3, 12—17): „Die Wiedergeburt, will er sagen, liegt an dem Saume, wo die Erde an den Himmel stößt, in des Menschen Brust aber geschieht sie, sie ist das Unmittelbarste, was er erfahren kann, das Prinzip, darauf er alles andere baut und gründet. Zweifelt ihr nun an einer unmittelbar in eurer Brust vorgehenden göttlichen Erscheinung, wieviel mehr würdet ihr bezweifeln jene objektive Tat der göttlichen Erbarmung, die außer euch in dem Willen Gottes geschehen, nämlich den Allerheiligsten sterben zu lassen für die Sünden der Welt." Um also dies begreiflich zu finden, setzt der Heiland die Wiedergeburt voraus. Die Wiedergeburt aber kann nur bewirkt werden durch die vorausgegangene gründliche Erkenntnis unsers Verderbens, und die danach im eignen Innern vermittelst subjektiver Aneignung gewiß gewordene objektive Erlösung. Durch eine Willenstat des Glaubens geht der Mensch in den göttlichen Ratschluß der Versöhnung ein, und erst, wenn er also die Begnadigung, die daraus erfolgt, erfahren, gehört er zu den Vollkommenen, denen die Torheit Gottes zur Weisheit geworden. Ehe demnach nicht die Tat der Versöhnung erfolgt war, konnte das *Wort* derselben nicht verkündigt werden. Ehe die Jünger nicht den leidenden, in Gethsemane und Golgatha die Tat der höchsten Liebe verrichtenden Erlöser vor Augen stellen konnten, konnte auch nicht die Wiedergeburt in ihnen statt haben, und darum war es vergeblich, ihnen früher davon anders zu reden denn in Rätseln und Gleichnissen. Wie in andrer Hinsicht gilt: Nur Gottes Worte werfen Licht auf seine Werke, so hier umgekehrt: *Nur Gottes Werke werfen Licht auf seine Worte.* — So habe ich denn versucht, Dir das Urim und Thummim in dem Schildlein des Leibrocks unsers Hohenpriesters zu erklären; laß mich nun weiter gehen, zu dem Leibrock selber, in dem der Schönste unter den Menschenkindern auf Erden erschien.

Das hohepriesterliche Amt Christi

Christus war nicht bloß gekommen, zu lehren wie man frei würde von der Sünde, er war gekommen, um davon zu *erlösen.* Er sagt (Matth. 11, 29), seine Lehre sei leicht, und doch, wie viel war sein Gebot schwerer als der Schriftgelehrten (Matth. 5, 20—48)! Darum mußte wohl noch in einem anderen der Grund liegen, der sein Gebot leicht machte. Er verlieh die Kraft, es zu erfüllen. Er bot sein Leben dar für die Brüder, und dies war das erstorbene Senfkorn, aus dem das Leben in den Gläubigen hervorging, und somit spreche ich Dir von Christi *Hohenpriesteramt.* — Nicht erst die neuere Zeit der Aufklärung fand in dieser Veranstaltung Gottes eine grenzenlose Torheit, nicht erst die neuere Zeit meinte, daß es einer solchen Veranstaltung durchaus nicht bedurft habe, daß vielmehr diese Lehre dem halb entschlafenen Sünder Opium reiche, schon ein Kelsos[20] hatte diese Einwände dem Origenes zu machen, schon ein Anselmus in seinem dunkeln Zeitalter hatte solche Gegner zu bekämpfen, schon

---

[20] Kelsos, griechischer Philosoph, der versuchte, das Christentum zu widerlegen (2. Jh.).

die englischen sogenannten Freidenker waren am Eckstein von Gottes Tempelbau gestrauchelt. Daß indes von denen, die unter uns an der scharfen Ecke sich stoßen, nicht alle Sauli sind, die wider den Stachel löcken, sondern auch Zachariä, welche nur um der Wunderlichkeit der Botschaft willen erstaunt fragen: Woran soll ich erkennen, daß solches alles von Gott sei? das vermögen ja wir aus unserer eigenen Erfahrung zu bestätigen. Und müssen wir dann auch mit dem zweifelnden Priester eine kleine Zeit verstummen, öffnet sich wieder der Mund, so preiset er desto herrlicher die großen Taten Gottes. Wie vieles liegt daran, ob die Kundschafter des gelobten Landes Kalebs sind oder nicht? Wir hatten keinen Kaleb. Ich weiß nicht, mein Bruder, wie es Dir ergangen ist. Meine Kundschafter waren Sammua, der Sohn Zakur, und Saphat, der Sohn Hori, die vom Lande, da Milch und Honig fließt, mir ein böses Geschrei machten[21]. Was mir von der Versöhnungslehre in Schriften und mündlich gesagt wurde, war nie ein anderes, denn dies: „Jene Lehre lehret einen zornigen, ergrimmten Gott, der vier Jahrtausende hindurch nach Blut dürstete. Da ihm endlich das Opferblut nicht mehr genügte, er aber doch so menschlich war, nicht alle Menschen verdammen zu wollen, wurde er selbst Mensch, und ließ sich als Gott ans Kreuz schlagen, wie es in dem alten Liede heißt: *O große Not, Gott selbst ist tot!* Dieses göttliche Blut war ein Äquivalent für alle Sünden. Wer nun diese unglaubliche Historie glaubt, bekommt zum Lohne die Seligkeit, die anderen sind ohne Barmherzigkeit verdammt! —" O Kanaan, o Kanaan, wo ich jetzt die Höhen Karmels grünen, und die Ebenen Sarons blühen sehe, hast du denn nichts als ein Asphaltmeer für blöde Augen? Doch kann ich nicht leugnen, oft stieg ein Zweifel in mir auf, ob denn wirklich nicht bloß bei einen oder zwein, sondern so vielen Hunderten von himmelklaren Geistern eines ungestümen Herzens Pochen das Wort

[21] Anspielung auf 4. Mose 13.

der klaren, heiteren Besinnung so völlig habe übertönen können, daß solcher Wahnwitz Wahrheit schien? O daß ich hätte in jenen Stunden deinen Schatten, großer Leibniz, Newton, rufen können! — Darum ist mir hochgesegnet die Stunde, wo zuerst *Melanchthons* Loci theologici und sein Kommentar über den Römerbrief mir in die Hände kamen, und im Lande der Todesschatten mich plötzlich Zions Mauern sehen ließ.

Das Neue Testament spricht von der Versöhnung bald auf bestimmtere, bald auf unbestimmtere Weise. Ich stelle Dir zuerst die schönen Worte des Heilandes zusammen, in denen er, zur Zeit als er von der großen Tat der Liebe nur andeutend reden konnte, da die Herzen noch nicht groß genug waren, um sie zu fassen, den Seinen den Vorhang lüftet, den er noch nicht aufheben konnte. *Ein* Wort hatten sie über das Werk ihrer Erlösung schon vernommen, ehe der Erlöser selbst ihnen davon geredet. Schon hatte der Täufer, der Letzte und Größte des Alten Bundes, dessen Geist schon von dem ersten Morgenrot des Neuen beschienen wurde, in dem erniedrigten Gottessohne der Welt das Lamm gewiesen, das ihre Sünden tragen würde (Joh. 1, 29. 36). Und nicht lange hatte das Lehramt des Herrn begonnen, als er wiederholt, in allgemeineren Ausdrücken, auf das blutige Werk verwies, das ihm der Vater befohlen. Wie die Israeliten zu der aufgehängten Schlange aufblickten und leiblicher Genesung teilhaftig wurden, so sollte das Weltall zu dem am Kreuz Erhöhten aufschauen und geistlich genesen (Joh. 3, 14—16). Sein in den Tod gegebenes Leben, das sei eine geistliche Nahrung für das Menschengeschlecht (Joh. 6, 51). Wie ein Hirt, der seine Schafe lieb gewonnen, sein Leben lasse, um sie zu schirmen, so lasse auch der Seelenhirt sein Leben zur Bewahrung seiner Herde (Joh. 10, 17). So wie das Weizenkorn nicht imstande sei, eine neue Schöpfung zu erzeugen, so könne auch von ihm, dem Heiland, keine neue geistige Welt ausgehn, sofern er nicht dem Tode übergeben werde (Joh. 12, 24). Durch seinen Tod werde die Gewalt gebrochen, die bis dahin der Feind der Menschen, der böse Engel, über das Geschlecht ausgeübt, und durch den nach Tragung der Leiden verherrlichten und triumphierenden Erlöser würden auch die Erlösten zum Triumph gelangen (Joh. 12, 31. 32). In der Stunde des Scheidens sagt noch der, welcher sein ganzes Leben seinen Lieben geweiht hatte, auch nun weihe er sich für sie, nämlich zum Tode, um sie zur innern Wahrheit zu führen, das heißt zur innern Darstellung des Gesetzes Gottes (Joh. 17, 19. 20). Und ebenso reden auch die Apostel in allgemeineren Ausdrücken von der Erlösung. Christus hat sich — sagt Paulus (Gal. 1, 4) — in den Tod für uns gegeben, um uns zu erlösen aus dem Zusammenhang mit der in Sünden versunkenen niederen Weltordnung. Der Tod Christi ist das Mittel, um die Gemeinde Gottes zu heiligen (Eph. 3, 25; 2. Kor. 5, 15). Der Tod des Unschuldigen befreit uns von unsern Sünden (1. Petr. 1, 19; Tit. 2, 14) usw. Darum lehren alle diese Aussprüche klar, daß in jenem Tod des Erlösers Heil und Sündenbefreiung für uns liegt. Doch die Art und Weise derselben, ihr Zusammenhang mit jener Tat der Liebe, ist nicht darin ausgesprochen. Es lehrt aber auch die Schrift, daß der Tod Jesu ein Lösegeld, ein Opfer für unsere Sünden ist, und hierin liegt denn auch eine bestimmtere Belehrung über das, was jener Versöhnungstod in bezug auf unsere Übertretungen wirkte. Als Jesus hinaufzieht gen Jerusalem, seinem Leiden entgegen, da sagt er den Jüngern, die des Wortes Sinn nur zweifelnd ahnten: „Nicht sich dienen zu lassen, ist der Menschensohn gekommen, sondern daß er diene, und gebe sein Leben als ein Lösegeld für viele" (Matth. 20, 28; Mark. 10, 45). So gibt also er was die anderen zu geben schuldig sind, wenn sie aus dem Kerker befreit sein wollen, er gibt was sie nicht haben und darum nicht geben können. Und bei der letzten Mahlzeit, wo er das Liebeszeichen einsetzt, was gefeiert werden soll bis er kommt, in der feierlichen Stunde macht er das Liebeszeichen zum Unterpfande seines versöhnenden Todes, und verkündet, daß sein Leib und sein Blut dahingegeben werden für viele zur Vergebung der Sünden (Matth. 26, 28). Unter den Stellen, wo der sterbende Erlöser Opfer für die Sünden der Menschheit genannt wird, ist die wichtigste die im Briefe an die Hebräer, weil in dieser aus dem Zusammenhang der neutestamentlichen Opferidee mit der alttestamentlichen der Sinn gezeigt wird, in welchem Christus Opfer für unsere Sünden heißt. Dies ist die Stelle Hebräer 9, 12—14. Vgl. Hebräer 9, 26; 10, 4; 10, 10. Die Lehre dieser Aussprüche ist diese: „Die Opfer im Alten Testament waren die Mittel, wodurch derjenige Theokrat, welcher gegen die äußern Gesetze der äußern Theokratie gefehlt hatte, wieder zum Mitglied derselben aufgenommen wurde. Gott hatte nämlich verordnet, daß der Theokrat durch Handauflegung auf die Opfer gleichsam seine Sünden auf dieselben übertragen und sich als schuldfrei ansehn durfte. Die Stelle jener Opfer vertritt nun im Neuen Testament Christus, indem hier derjenige, welcher den Gesetzen der Heiligkeit nicht getreu war und deshalb aus dem geistigen Gottesstaat hätte ausgeschieden werden sollen, wieder den Zutritt dazu erlangt, indem auch er nach Gottes gnädiger Anordnung seine Sündenschuld übertragen darf auf Christum und sich für frei erachten. Jene Opfer des Alten Bundes hatten den Charakter der Theokratie, in der sie gebracht wurden, sie waren nur etwas Äußerliches und bewirkten äußerliche Reinigung, dieses Opfer des Neuen Bundes aber reinigt die Gewissen." Als Opfer wird auch der Tod Christi vorgestellt: Römer 3, 25; Epheser 5, 2; 1. Petrus 2, 24; 1. Johannes 2, 2. Es liegt in dieser Darstellung des Todes Christi auch zugleich die Idee, daß der Tod stellvertretend ist. Denn so wie der Theokrat des Alten Bundes, indem er seine Hand dem Opfertier auflegte, auch seine Sünde auf dasselbe übertrug, so ist der Glaube das Vermittelnde, wodurch der Sünder seine Schuld auf Christum überträgt. Bestimmt ist dieses ausgesprochen in den Schriftstellen Galater 3, 13; Kolosser 2, 13; 2. Korinther 5, 20; 1. Petrus 3, 18; 2, 24. Was nun die Absichten Gottes betrifft, indem er diese Anstalt zur

Erlösung der Menschheit traf, so heißt es überall in den heiligen Schriften, daß die Liebe, das Erbarmen Gottes der Grund davon gewesen sei, um auf diese Weise die von ihm abgekehrte Menschheit sich wieder zuzuwenden, Johannes 3, 16; Römer 5, 8; Epheser 2, 4; 2. Timotheus 1, 9; Titus 2, 11; 3, 4—11; 1. Johannes 4, 2. 10. Es wird nirgend Gott der Vater als der zornige dargestellt, der dem liebevollen Sohn nur *erlaubt* habe, die Erlösung zu vollführen, sondern er, der Vater selbst, von Liebe zur unseligen Menschheit gedrungen, *schickt* den Sohn in die Welt (Tit. 3, 4). Die Schrift sagt daher auch nicht, daß Gott der Menschheit feind war und mit ihr versöhnt werden mußte, sondern daß die Menschheit feind gegen Gott war, ohne Liebe zu ihm, und mit ihm versöhnt werden mußte, 2. Korinther 5, 19 Kolosser 1, 21; Römer 5, 10. Obwohl auch in gewisser Rücksicht gesagt werden kann, daß Gott dem Sünder feind sei, denn indem der Sünder selbst abgekehrt ist von Gott und das Bewußtsein seiner Schuld fühlt, so erscheint ihm in seinem Schuldgefühl Gott als sein Feind. In einer Stelle der Schrift wird nun auch ausgesprochen, daß jenes Opfer Christi nicht weniger um der Liebe Gottes, als auch um seiner Heiligkeit willen gebracht worden sei. Römer 3, 21—26 heißt es: „Nun ist aber gegenwärtig ein Weg der Rechtfertigung vor Gott offenbart worden ohne alle Rücksicht auf Gesetzerfüllung. Und zwar ist dies die Rechtfertigung durch den Glauben an Jesum Christum, die sich über alle erstreckt und auch allen angehört, die an ihn glauben. Denn hier kann nicht von einem Unterschiede die Rede sein, da alle gesündigt haben und gleich sehr des göttlichen Wohlgefallens ermangeln. Nun aber werden sie ohne irgend ein Zutun von ihrer Seite, vermittelst seiner Gnade, durch die in Christo gestiftete Erlösung gerechtfertigt. Diesen Christus nämlich hat Gott hingestellt, damit er durch den Glauben an seinen Tod ein Versühnopfer sei, so daß, wegen der Übersehung der in der Langmut Gottes früher begangenen Sünden, Gott ihn nun darstellt als Zeugnis für seine Heiligkeit, so daß hierdurch sowohl Gott selbst als gerecht sich offenbart, als auch zugleich als rechtfertigend aus freier Gnade durch den Glauben an Jesum." Aus dieser Stelle geht hervor, daß der Tod Christi nicht bloß dazu dienen soll, überhaupt dem Sünder Freudigkeit und Mut und Kraft zu erneuertem Umgange mit Gott zu verleihen, sondern daß er zugleich sowohl als ein welthistorisches Ereignis dasteht, durch welches Gott überhaupt die Verwerflichkeit der Sünde offenbart, als auch dem einzelnen, in Verbindung mit dem freudigen Bewußtsein der Vergebung seiner Sünden, einen erneuerten Eindruck von der Majestät der göttlichen Heiligkeit geben soll.

Die Zweifel an der Versöhnung

Dies ist die Lehre der Schrift von der Versöhnung. Und wenn gegen diese der Zweifelsinn ankämpft, so liegt die Zurückweisung desselben nahe. Dreierlei ist es, was der Zweifler dieser Lehre entgegensetzen kann und auch entgegensetzt. Zuerst kann überhaupt die Möglichkeit einer Vergebung der Sünden in Zweifel gezogen werden. Zum andern kann in Zweifel gezogen werden, daß eine besondere Offenbarung, wie die christliche, nötig sei, wenn der Mensch jener Vergebung gewiß werden solle. Zum dritten kann es bezweifelt werden, daß wenn auf die Weise, wie das Christentum es tut, Sündenvergebung verkündet wird, daraus Besserung und sittlicher Ernst hervorgehe.
Die Möglichkeit einer Vergebung der Sünden wird von solchen bezweifelt, welche die Heiligkeit Gottes und die Sünde in ihrem strengen Gegensatze erkannt, aber nicht vermocht haben, sich in ihren Spekulationen zur Erkenntnis des inneren Verhältnisses, der inneren Natur der Sünde und Gottes zu erheben. Anselmus von Canterbury, der große Denker des elften Jahrhunderts, suchte zuerst zu zeigen, Gott könne an und für sich (das heißt hier, wenn nicht die Versöhnung Chri-

sti Gottes Gerechtigkeit befriedige) keine Sünden vergeben. Er tut dieses folgendermaßen (Cur Deus homo? L. 1. c. 12. 13): „Gott kann keine Sünde vergeben, es sei denn, daß ihm völlig dafür genug getan werde. Es ist nämlich die Bestimmung aller Geschöpfe, um derentwillen sie auch erschaffen, vollkommen die Idee zu realisieren, die Gott in ihnen ausdrückte. Tut dieses ein Wesen nicht, so zerstört es die Harmonie des Weltganzen, es mindert also die Ehre Gottes bei den Mitgeschöpfen, läßt Gott dieses ungestraft zu, so ist er nicht mehr der Heilige. Ferner: Gott ist sich selbst Gesetz, er darf also nichts tun, wodurch er aufhören würde, mit sich selbst übereinzustimmen, und alle Wesen sind unter sein Gesetz getan. Unterwerfen sie sich nun nicht seinem gebietenden Willen, so müssen sie seinem züchtigenden sich unterwerfen, *denn so wenig jemand unter dem Himmel fortlaufen kann, so wenig kann jemand dem Willen Gottes entrinnen.* Daher kann man auch nicht einwenden, daß doch Gott auf diese Weise, nämlich wenn er den Sünder straft, seinen Zweck nicht erreiche, indem ja der Sünder doch nicht tue, was Gott fordere, denn, was Gott nicht vom Sünder *erhält*, das *nimmt* er von ihm. Nun könnte der Mensch Seligkeit haben, da aber Gott nicht die Heiligkeit von ihm erhält, nimmt er ihm das, was er haben könnte, nämlich die Seligkeit. Ja es genügt nicht einmal, Gott Genugtuung zu geben, man muß mehr als dies, denn außerdem daß man das *Gesetz* Gottes übertreten, hat man auch noch seine Majestät beleidigt. —" Folgerecht durchgeführt wurde diese Ansicht erst wieder, obwohl von einem andern als dem Anselmischen Standpunkt aus, von Kant. Kant hat das große Verdienst, die göttliche Würde des Ideals der Heiligkeit, das unser Gewissen uns vorhält, ins Licht gesetzt zu haben wie wenige. In unserem Gewissen, lehrte er nun ferner, wird zugleich das Gesetz der Belohnung und der Bestrafung als ein unabänderliches, göttliches offenbart. Die Idee der Würdigkeit zu realisieren ist der höchste Zweck der Strafe; es muß also notwendig auch jeder Mensch den seiner jedesmaligen Würde angemessenen Stand der Belohnung und Bestrafung erhalten. Erwacht nun aber der Mensch aus einem sündlichen Leben und blickt auf die Vergangenheit zurück, so wird er erschrecken vor der auf sich geladenen Schuld, und daran verzweifeln, daß er je das Ideal erreichen könnte. Dem nun, welcher ausgebildeter ist, gilt das dem Menschen eingeprägte Ideal selbst als Unterpfand, daß er sich demselben unendlich annähern könne, und auch die Kraft habe, denn hätte er nicht in seiner absoluten Spontaneität diese unendliche Kraft, so würde ihm auch nicht dieses Ideal (bei Kant freilich nur der sogenannte kategorische Imperativ) eingeprägt sein. Dem roheren Menschen läßt sich dies nun am besten begreiflich machen durch symbolische Lehre der Versöhnung. Hier nämlich schaut er in dem geschichtlichen Christus jenes Ideal an, und eignet es sich zu als an ihm selbst erfüllt, wodurch der Mut zur Annäherung an dasselbe gestählt wird[22]. Er erlangt es freilich nur in unendlicher Annäherung, denn die Wirkungen der vorhergegangenen Vergehungen äußern sich noch in der Ewigkeit fort, doch gewinnt er auf diese Weise wenigstens eine relative Seligkeit. Von Vergebung der Sünden kann demnach nur insofern die Rede sein, daß es dem Sünder nicht unmöglich gemacht wird, in der erneuten Annäherung an das göttliche Ideal vorzuschreiten, eine Aufhebung aber der Nachwirkung der vorhergegangenen Sünde widerspräche eben so sehr der Natur Gottes, als der Natur des Menschen. Der Mensch behält die Erinnerung an die vorhergegangenen Sünden, mithin das schmerzliche Gefühl über dieselben, mithin das strafende Schuldbewußtsein. Überdies ist eine völlige Realisation des göttlichen Ideals in dem Maße unmöglich, als frühere Befolgung ungöttlicher Maximen in alle Ewigkeit nachwirkt, und die sittlichen Maximen schwächt.

---

[22] Darum nennt *Tieftrunk, Censur des protestantischen Lehrbegriffs*, 1796. 1 Bd. S. 161. die Versöhnungslehre ein Postulat der praktischen Vernunft.

Gott aber würde unwahr sein, wenn je aus seinem Bewußtsein die Erinnerung an frühere Verschuldungen vernichtet werden könnte, oder aufhörte ein Bewußtsein an *Verschuldungen* zu sein. Vermöge dessen muß er denn aber auch ewig die Idee der Würdigkeit realisieren, mithin, nach Maßgabe der frühern Verschuldungen, Glückseligkeit verteilen." So bleibt denn also das Verhältnis von Seligkeit und Heiligkeit in alle Ewigkeit das der Asymptote. Dies die Kantische Ansicht.

Diese Einwendungen gehen hervor aus einer falschen Ansicht von dem Wesen der Sünde in bezug auf den Menschen, von einer falschen Ansicht des Verhältnisses Gottes zum sündigen Menschen, und — was damit zusammenhängt — von einer falschen Ansicht von Sündenstrafe und Sündenvergebung. *Sünde* ist nichts anders als Abkehr des menschlichen Willens von Gott, das Streben des menschlichen Willens, sich selbst Gesetz zu sein. Sie ist also, ihrem eigentlichen Wesen nach, nicht Übertretung eines äußerlich gegebenen Gesetzes, sondern innerliche Entfremdung der Seele von ihrem Urquell. *Sündenstrafe* kann äußerlich sein oder innerlich. Die innerliche ist das lastende Schuldbewußtsein, verbunden mit dem Zustande der Unseligkeit, in welchem alle sind, die außer Gott leben, weil Gott der allewige Quell der Seligkeit wie der Heiligkeit ist. In dieser innerlichen Unseligkeit besteht *eigentlich* die Sündenstrafe, denn die äußern Verhältnisse der Geister — wenn wir uns dieses nicht passenden Ausdrucks bedienen dürfen — richten sich immer nach Beschaffenheit des eigentlichen Menschen, des innerlichen. Nun heißt *Sündenvergeben* nichts anders, als Sündenstrafe aufheben, folglich besteht die Vergebung der Sünde in der Tilgung jener innern aus der Sünde selbst hervorgehenden Unseligkeit, die mit dem Schuldbewußtsein verbunden ist. Wie verhält es sich nun mit jener Sündenstrafe, sobald der Sünder sich bessert? Sie verschwindet. Wo die Sünde aufhört, hört die Unseligkeit samt dem Schuldgefühl auf. Auch kann es nicht anders. Denn

wenn der Sünder von seiner Sünde läßt, so ist dies keine bloße Negative, sondern auf dem Punkte, da er davon läßt, wendet er sich zu Gott, und nimmt Gott in sich auf, und wo Gott ist, ist mit der Heiligkeit auch Seligkeit. Daraus folgt, daß keine Sünde, außer der gegen den heiligen Geist, unvergeblich ist, daß vielmehr Gott, *seiner Natur nach, jede* Sünde vergibt. Denn wollte er einem Sünder, der von seiner Sünde sich abkehren will, die Unseligkeit zur Strafe lassen, auch wenn er sich bessert, so müßte er eben ihn sich nicht bessern lassen, was geschähe, wenn er sich selbst ihm nicht mitteilte. Es sind demnach Schuldbewußtsein und Unseligkeit einerseits und Sünde andrerseits Wechselbeziehungen, eines kann nicht ohne das andere gedacht werden, so daß jede Sünde innere Strafe, jede Bekehrung Seligkeit und Vergebung mit sich führt. Bloß die Sünde gegen den heiligen Geist, sagten wir, ist unvergeblich. Denn sie besteht in einer beharrlichen Verstockung gegen die Einwirkungen des Geistes Gottes. Hier liegt also der Grund, warum sie nicht vergeben werden kann, nicht in Gottes willkürlicher Bestimmung, sondern in der Natur der Sünde. Von allen andern Sünden dagegen gilt unwiderleglich, Gott vergibt seiner Natur nach eine jede, sobald Bekehrung davon stattfindet. Wenn nun auf diese Weise das innerliche Verhältnis der Sünde und des Sünders zu Gott nachgewiesen ist, so fallen die gemachten Einwürfe gegen die Möglichkeit einer Sündenvergebung von selbst. — Könnte es nicht aber scheinen, als sei in dem Gesagten zu viel bewiesen worden? Ich zeigte, daß Gott, seiner Natur nach, jede Sünde vergibt. Wird nun nicht, indem jener erste Einwand der Unmöglichkeit der Sündenvergebung zur Tür hinausgewiesen wird, der andere zugleich aufgenommen, daß nämlich die Sündenvergebung sich von selbst verstehe und es dazu keiner Offenbarung, noch weniger einer so ganz besonderen Versöhnungsanstalt, wie sie das Christentum hat, bedurft hätte?
Und hiermit schreite ich denn zur Erwägung dieses andern

Einwandes. Ich betrachte zuerst die Form, in der dieser Einwurf gewöhnlich aufgetreten ist. Es hieß: Gott sei ja ein gar so liebevoller Vater, der es doch nicht mit den Sünden so streng nehmen werde, so daß man immerhin den Sünder über die Vergebung seiner Sünden beruhigen könne, ohne dazu einer Versöhnungsanstalt zu bedürfen. In dieser Gestalt ist der Einwurf ein Produkt jener schlaffen Zeit, die, weil sie zu schwach war, die Wahrheit über dem Boden zu erdrücken, sie verschwemmte. Der Anthropomorphismus einer kräftigen Seele schaffte den Richter mit ehernem Zepter, der Blut fordert. Der Anthropomorphismus weibischer Weichherzigkeit bildet den schlaffen Familienvater, dem die Kinder die Rute entreißen. Anthropomorphismus ist beides. Und besser ist jener, denn er weiß, was es mit der Sünde auf sich hat. Wie es übrigens mit der wissenschaftlichen Begründung jenes weichherzigen Gottes steht, leuchtet schon aus der Mannigfaltigkeit der Dimensionen hervor, welche man jener Weichherzigkeit zuschrieb. Was der eine mit vergeben wissen wollte, fand der andre, der gerade an einer andern Stelle krankte, unvergeblich. Was dieser entschuldigte, weil er sich selbst weiß wissen wollte, verdammte jener. Wie nun aber, wenn eben *aus dem Wesen und der Natur Gottes* erwiesen ist, daß er jedwede Sünde vergibt, wozu bedarf es *dann* noch einer besondern Offenbarung der Sündenvergebung? — Allerdings vergibt Gott jede Sünde, doch, wie erwiesen ist, nur in dem Maße, als Abkehr davon stattfindet. Demnach findet Vergebung aller Sünden nur statt, wenn Abkehr von allen Sünden eintritt. Solange dagegen noch auf irgend einem Punkte des innern Lebens Sünde vorhanden ist, so lange auch Sündenschuld. Wo nun Sündenschuld ist, da ist kein Friede mit Gott. Wo aber kein Friede mit Gott ist, ist keine Freudigkeit zum Umgange mit ihm, und wo diese nicht ist, ist auch keine Heiligung, die immer nur aus dem Umgange mit Gott hervorgehn kann. So würde demnach Friede mit Gott, Umgang mit ihm und Heiligung nicht stattfinden können, solange noch auf mehreren oder auch nur auf einem Punkte des innern Lebens Sünde ist. Eben damit ist dann aber auch ausgesagt, daß der Sünder nie zur wahren Heiligung gelangen könnte, wenn er nicht, während er noch Sünder ist, Frieden mit Gott hat. Denn nur, wenn er als Sünder die Freudigkeit gewinnt, in ein kindliches Verhältnis mit Gott zu treten, kann er die Lebenskräfte zur Heiligung erlangen, durch die er dann mehr und mehr von der Sünde entbunden wird. Es geht demnach aus dem Gesagten hervor, daß zwar bei Gott jede Sünde Vergebung erlangt, sobald der Mensch sich davon abkehrt, aber von seiten des Menschen ist keine wahre innerliche Abkehr davon möglich, wenn er nicht den Frieden mit Gott hat. Und hier tritt nun die geschichtliche Offenbarung der Vergebung *aller* Sünden im Christentum ein. Diese gewährt dem Sünder, während er noch gottlos ist (Röm. 4, 5), den vollkommenen Geistesfrieden samt der Liebe zu Gott. So beginnt der Sünder wieder einen Herzensumgang mit seinem Gott, empfängt die heiligenden Lebenskräfte des göttlichen Lebens, und wird durch diese innerlich wahr und gut. Nur jetzt erst hört Gott und das Gute auf, ihm äußerlich als Gesetz gegenüber zu stehen, es wird einheimisch in seinem eigenen inneren Wesen und zeugt nach außen.

Wie kann aber — diese Frage schließt sich nun an — Gott, ohne innere Unwahrheit, den Sünder, während er noch in seinen Sünden ist, für schuldfrei erklären, und seine Sünden ansehn als wären sie nicht? Es liegt in der Natur des Glaubens, daß er, wenn er einmal in das Herz aufgenommen ist, als ein edler Süßteig mehr und mehr den ganzen Menschen durchsüßt, nach Sinn, Begierden und Gedanken. Jenes heilige Lebensprinzip, welches in der neuen Geburt durch den Geist Gottes in den Menschen gepflanzt wird, übt eine innerlich umbildende Gewalt auf das ganze Sein des Menschen aus, bis es jede Regung des alten Menschen in Übereinstimmung mit sich gebracht hat, und so das Ebenbild Gottes, was in Adam verloren ging, wiederhergestellt ist. Denn wohl sagt

Luther mit Recht: „Der Glaube ist ein lebendig und gewaltig Ding, *ist nicht ein schläfriger und fauler Gedanke*, schwebet auch nicht und schwimmet nicht oben auf dem Herzen, wie die Gans auf dem Wasser, sondern ist wie Wasser, so durch Feuer erhitzet und erwärmet ist, dasselbe, ob es wohl Wasser bleibet, ist es doch nicht mehr kalt, sondern warm, und ist also gar ein ander Wasser; also macht der Glaube, der des heiligen Geistes Werk ist, ein ander Herz, Gemüt und Sinn, und machet also gar einen neuen Menschen." Nun sieht aber nur der an die Zeitverhältnisse gebundene Mensch die Entwicklung in ihrem Verlaufe. Gott sieht im Anfang das Ende, im Keim den Baum. Gott schaut demnach auch jeden, welcher durch den Glauben an Christum des neuen Lebenselementes teilhaftig geworden ist, eben damit zugleich aus dem Endpunkt seiner Entwicklung, er sieht den Berufenen als den Gerechtfertigten, den Gerechtfertigten als den Geheiligten, den Geheiligten als den Verherrlichten. Eben darauf gründet auch der Apostel seine Überzeugung, daß von seiten Gottes denen, die er einmal berufen hat, die Verherrlichung in seinem Reich nicht entzogen werden kann, denn die er in ewigem Ratschluß berufen, die hat er eben damit auch gerechtfertigt, geheiligt, verherrlicht (Röm. 8, 29. 30). So kann denn auch Gott, ohne innere Unwahrheit, dem, der noch in der Sünde steht, die Vergebung aller seiner Sünden versichern, denn die Bekehrung von allen ist eben durch den Glauben an die freie Gnade in Christo, welcher Glaube Friede mit Gott und Vereinigung mit ihm erzeugt, möglich geworden, ja, sobald nur der Mensch nicht den *Glauben* verläßt, unausweichlich.
Es bedarf nun wohl kaum noch der Frage, ob auch nicht etwa durch diese Lehre der sittliche Ernst geschwächt werde, da vielmehr offenbar ist, wie eben alles Bessern ohne diese Wahrheit ein totes Nachbilden des Guten statt lebendiger Zeugung ist. Das Gesetz, sagt der Apostel, ist geistlich, ich aber bin fleischlich. Bin ich selbst nicht in meinem Innern gleichartig geworden dem Gesetz, so kann ich es nachbilden

in dem fremdartigen Stoff meiner innern Natur, aber das Bild ist ein *Bild;* und dadurch, daß seine *Werke* gut werden, wird der *Mensch* nicht gut. Wenn Menander[23] die fleischliche Liebe den Affen der geistlichen nannte, so ist die gesetzliche Reinigkeit der Affe der geistlichen zu nennen. Und was auf *die* Weise Gutes getan wird, ist gleichsam ab- und losgerissen von dem Menschen, der es tut, denn weil es keine Wurzel im Herzen hat, daran es hanget, so fällt es alsobald ab, wie es getan ist, und gehört dem Menschen nicht mehr an. Daher sagt Luther recht: „Darum gilt's nicht danach richten, was für Werke getan werden, sondern aus was Grund sie getan sein. Es liegt nicht an dem Tun, es sei groß oder klein, viel oder wenig, sondern an dem Quell und Born, da sie her fließen, da scheidet und sondert sich der Christen und aller andern Leben und Wesen." Nun kann aber der Lebenskeim, der aus eignem Trieb in Blatt, Blüte und Frucht aufschießt, durchs Gesetz nimmer gepflanzt werden, denn das Gesetz gibt nicht den Frieden der Seele mit Gott, darum ist die Predigt von der freien Gnade in Christo das allereinzige Mittel, einer sündigen Seele Friede mit Gott zu geben, und aus dem Frieden mit Gott liebeatmenden Umgang mit ihm, und aus dem Umgang mit ihm Heiligung.

Die Versöhnungslehre in der Kirchengeschichte

So wende ich mich denn nun, mein *Guido,* dazu, nachdem ich, was ich selbst vom Fundament des Glaubens denke, Dir gesagt, so weit ich es verstehe — o und ich bete und bete Du mit mir, da ich immer mehr davon verstehen lerne —, ich wende mich nun dazu, Dir auch zu sagen, was ich von der Ansicht anderer darüber halte.

Die Ansichten der älteren Kirchenlehrer schwankten über

[23] Menander: griechischer Komödiendichter (342—291 v. Chr.).

diesen Punkt. Die Lehren, welche sie entwickelten, waren fast stets solche, die von irgend einer ketzerischen Partei angefochten wurden. Dies war bei der Versöhnungslehre nicht der Fall gewesen. Zudem bietet diese große Lehre so viele Seiten der Betrachtung dar, als das Evangelium selber, und zog daher den einen von dieser, den andern von einer andern an. Doch finden wir auch schon bei den älteren Kirchenlehrern neben mehreren andern Ansichten auch die, daß der Tod des Gottmenschen für Gott notwendig gewesen sei zur Erlösung des Menschengeschlechtes. Besonders gründeten die Väter sich auf die Stelle Psalm 48, 8, welche in der Vulgata lautet: Frater non redimit, redimet homo? Non dabit Deo placationem suam. Diese wird von Ambrosius, Kyrillus Alex. und Basilius so ausgelegt, daß also kein Prophet, sondern nur ein Gottmensch versöhnen konnte. Erst dem Scharfsinn und Tiefsinn des großen *Anselm* im elften Jahrhundert war es aufbehalten, diese Lehre strenger zu entwickeln. (Anselmi Opp. Cur Deus homo, 1. II. De conceptu virginale et originali peccato.) Ich kann mich nicht enthalten, Dir, mein Geliebter! den Eingang seiner Untersuchung herzusetzen. Von einer so tiefen Demut des großen Denkers legt er Zeugnis ab, daß man wahrlich nicht weiß, was man von dem hochfahrenden Wesen mancher anderer denken soll, welche, während doch ihr Scharfsinn und Tiefsinn zu dem Anselms in umgekehrtem Verhältnis stehen möchte, wie unser Zeitalter übrigens zu dem Anselms, nicht einmal zum Niederkämpfen der Versöhnungslehre so viel Demut mitbringen, als er zur Gründung. Er war von seinen Mönchen gebeten worden, ihnen die Notwendigkeit dieser Anstalt Gottes darzutun, und sagt: „So will ich denn beginnen, aber unter der Bedingung, daß du dieses so ansehest, wie ich alles von mir Gesagte angesehn wissen will, daß du nämlich, wenn ich etwas sage, was keine höhere Autorität begründet, auch wenn du es mit Vernunftgründen verteidigt siehst, es doch nicht für etwas anders als meine augenblickliche Ansicht haltest, welche ich behalte, bis mir Gott es besser kundtut. Und wenn ich deiner Frage auch einigermaßen genüge, so sei doch versichert, daß ein Weiserer, als ich, dies besser können würde, *ja du mußt wissen, was auch überhaupt der Mensch davon sagen kann, immer gibt es noch höhere Gründe dafür.*" Wie Anselm die Wichtigkeit der Sünde hervorhob, habe ich Dir schon oben[24] angeführt. Hier äußert er sich darüber noch ergreifender, sagend: „Das Gesetz Gottes im Menschen ist etwas so Großes und Heiliges, über der ganzen sichtbaren Welt Stehendes, daß der sittliche Mensch eher tausend Welten mit unzähligen Geschöpfen wird untergehn und vernichten lassen, ehe er nur einen Blick des Auges gegen Gottes Willen tut." „Wenn nun", folgert Anselm weiter, „jede Sünde eine Störung der Harmonie der heiligen Weltordnung Gottes ist, wenn sie obendrein eine Antastung der unverletzlichen Majestät Gottes ist, indem der Mensch dadurch aufhört, ihn als seinen autonomischen Herrn anzuerkennen, und der Mensch in dem Leben vor der Bekehrung nicht bloß eine Sünde hinter sich hat, die allein schon ihn zum schuldbarsten Wesen machen würde, sondern tausende, nicht genug, wenn er auch nach seiner Bekehrung immer nur sehr allmählich zu größerer Reinigkeit gelangt und sich auch dann stets Sünde an Sünde reiht, so ist klar, daß, da der Mensch nicht Gott gibt, was er ihm geben soll, Gott alles von ihm nehmen müsse, was er irgend nehmen kann, soll einigermaßen die Gerechtigkeit Gottes befriedigt werden; Gott muß ihm also alle nur denkbare Spur von Seligkeit nehmen, und ihm, nach dem Schriftausdruck, den zeitlichen und ewigen Tod zusprechen. Wollte nun ein Mensch für das Menschengeschlecht diese Leiden übernehmen, so könnte er nichts dadurch bewirken, als für sich selbst genug tun, denn er hat ja selbst durch seine Sünden diese Strafe verschuldet. Auch ein Engel konnte nicht genug tun, da ein Engel all sein Gutes nicht aus sich selbst, sondern aus

---

[24] siehe Seite 67

Gott hat, da auch der Engel kein Äquivalent für die beleidigte Majestät Gottes geben konnte. Es mußte also, um die unendliche Schuld zu tilgen, derjenige büßen, welcher so groß war wie die begangene Schuld, also: Gott selbst. Er mußte aber auch als Mensch büßen, denn sonst hätte der Mensch sich nicht diese Genugtuung als seine eigne aneignen können. Dieser Gottmensch übte freiwillig unter den größten Leiden den größten Gehorsam aus. Gott war ihm Vergeltung schuldig, ihm selbst konnte er sie nicht geben, so wurde diese auf die Menschheit übertragen, der er angehörte." — Dieses ist der Ideengang, dem jener große Scholastiker folgte. Ihm schloß sich an der noch größere *Thomas von Aquin*. Dessen Worte über diesen Gegenstand lauten also (Thomae Aquinatis Summa Theol. cum Comm. Francisici Ferrariensis, Antv. 1612, l. V. c. 54): „Ohne Genugtuung kann Gott keine Sünde erlassen, für die Sünden des ganzen Menschengeschlechts konnte aber kein bloßer Mensch genug tun, denn jeder reine Mensch ist weniger als die ganze Gattung. Der also für die Menschen alle genug tat, mußte Mensch sein, dem die Genugtuung zukäme, und etwas über die Menschen Erhabenes, damit sein Verdienst hinreichte, fürs ganze Menschengeschlecht genug zu tun. Nun ist in bezug auf die Seligkeit nichts größer denn der Mensch, als allein Gott; obwohl nämlich die Engel in bezug auf die Beschaffenheit ihrer Natur höher sind als der Mensch, so doch nicht in Rücksicht auf das Ziel ihrer Seligkeit, sie selbst müssen ebenso wie der Mensch erst durch Gott selig gemacht werden. So mußte denn also Gott Mensch werden, um für die Sünden der Menschen genug zu tun." Übereinstimmend mit Thomas lehrte *Alexander von Hales* und die Mehrzahl der folgenden römischen Dogmatiker. Unsere großen Wiederhersteller der ursprünglichen Gestalt des Evangelii haßten die vielfachen scholastischen Spekulationen und Spaltungen in diesen heiligen Lehren. Es war ihnen allein um das Praktische, fürs Leben Fruchtbare zu tun. Darum setzten sie auch über diese der Spekulation angehörigen Punkte nichts fest. Melanchthon faßt das Glaubensbekenntnis darüber in die Worte zusammen: „Ich glaube die Vergebung der Sünden, ich glaube das ewige Leben." Die Augustanische Konfession lehrt bloß, daß unsere Sünden vergeben werden, weil Christus durch seinen Tod für uns genug getan hat. CA IV. Die Rechtfertigungslehre war es vielmehr, welche sie, im Streit mit den Papisten ihrer praktischen Wichtigkeit willen, besonders ins Licht setzten. Was die großen Reformatoren von scholastischer Spitzfindigkeit verworfen, das kehrte gerade recht eigentlich in die protestantische, namentlich lutherische, Kirche ein. Auch traten die lutherischen Dogmatiker insgesamt bis Baumgarten[25] der Anselmischen Theorie bei. —

So weit nun auch diese Theorie in der Kirche verbreitet ist, so kann ihr dennoch in dieser Form keiner beitreten, welcher über das Wesen der Sünde und Strafe und das Verhältnis Gottes zum Sünder tiefer nachgedacht. Wiewohl dieser Anselmischen Auffassung eine große Wahrheit zugrunde liegt, nämlich die tiefe Erkenntnis von dem Gegensatz der Sünde zu dem Allerheiligsten, so ist sie dennoch irrig durch die äußerliche Auffassung des Verhältnisses Gottes zum Sünder, und, was damit zusammenhängt, der Strafe der Sünde. Gott erscheint nach dieser Theorie nicht als das Gute und die Heiligkeit selbst, sondern als heiliger Richter, der äußerlich dem Menschen gegenübertritt. Und sein Verhältnis zum sündigen Menschen wird nun ebenfalls nicht bestimmt nach der inneren Natur der persönlichen Heiligkeit, sondern nach den unter Menschen, nach menschlichem Begriff, stattfindenden juridischen Grundsätzen. Sonach liegt der Grundfehler dieser Theorie darin, daß das Verhältnis Gottes zum Sünder nicht aus Gottes Natur, aus Gottes Wesen entwickelt wird. Allein, auch wenn man die Anwendung jener menschlich juridischen

---

[25] Theologe (1706—1757), lehrte in Halle.

Begriffe auf Gott zugestehen wollte, würde die Ansicht sowohl noch in andrer Hinsicht unstatthaft erscheinen, als auch der Folgerichtigkeit in sich selbst ermangeln. Es wird in der Anselmischen Ansicht eine Trennung zwischen Gott dem Vater und Gott dem Sohn gesetzt, wie sie ohne groben Irrtum nicht gesetzt werden darf. Gott der Vater ist dann nur Gerechtigkeit, der Sohn nur die Liebe. Der Vater muß aber auch überhaupt in der Verehrung zurücktreten vor dem Sohne, denn was der strenge Vater forderte, hat er erhalten. Da er, ohne Dazwischenkunft des Sohnes, von seinen Forderungen nie abgelassen hätte, so sind wir auch ihm keine Liebe für die Versöhnung schuldig, sondern nur dem Sohne. Ein dunkles Gefühl davon, wie wir dann dem Sohn allein Dank schuldig seien, war es wohl auch, zufolge dessen er, in seinem Gebet zu Gott, sich weit wärmer und überströmender an den Sohn wendet, denn an den Vater. Nun ist aber, zufolge der Schriftlehre, keineswegs das Werk der Versöhnung nur das Werk der Liebe des Sohnes. Überall wird der Vater genannt als Urheber der Erlösungsanstalt, dessen Freundlichkeit und Liebe im Sohne erschienen ist, in der Sendung des Sohnes in die Welt. Auf der andern Seite widerspricht aber auch diese juridische Theorie sich selbst, wenn sie behauptet, daß die strenge Gerechtigkeit des Vaters durch den Tod des Sohnes befriedigt worden sei. Nach den Forderungen der Gerechtigkeit kann nie der Unschuldige Stellvertretung für den Schuldigen leisten. Als jener Sohn seinen Vater auf den Galeeren erblickte, und statt seiner die Ketten tragen wollte, nicht an die Gerechtigkeit des Aufsehers wandte er sich mit diesem Wunsche, sondern an seine Milde. Und so wurde doch die Gerechtigkeit Gottes nicht befriedigt dadurch, daß der Unschuldige für die Schuldigen litt. Für seine Gerechtigkeit gab es keine andere Befriedigung, als zeitlicher und ewiger Tod der Schuldigen.

Die andere Theorie über die Versöhnung, welche neben der Anselmischen sich erhoben hat, ist die des Duns Scotus, von dem Scholastiker Robert Pulleyn[26] und Petrus Lomdardus vorbereitet. Dieser letztere hatte ausgesprochen (Sententiae, l. III. dist. XX): „Wenn ihr fragt, ob Gott auf eine andere Weise den Menschen hätte erlösen können, als durch den Tod Christi, so sage ich, auch eine andere Weise wäre wohl Gott möglich gewesen, dessen Allmacht alles zu Gebote steht, aber um unser Elend zu heilen, war kein besserer Weg und konnte kein andrer sein. Denn was richtet unsern Geist so auf, befreit uns so sehr von der Furcht vor ewiger Verdammnis, als daß Gott uns so wert geachtet hat, daß der unveränderlich heilige Sohn Gottes, in sich bleibend was er war, und von uns zugleich annehmend was er nicht war, uns gewürdigt hat, mit uns in Berührung zu treten, indem er durch seinen Tod unsere Schuld büßte?" Hier findet sich also bestimmt die Wahrheit ausgesprochen, daß nicht Gott, von seiner Seite, der Versöhnung bedürftig war. Und auf diese Idee gründete Scotus seine Theorie. Es war diese: „Gott an und für sich bedurfte keine Versöhnung, um dem Menschen die Sünden zu vergeben. Es lag also gänzlich in seiner Willkür, wie er dem Menschen die Sünden vergeben wollte. Er hätte sie vergeben können, ohne die Vergebung an irgend einen bestimmten Gegenstand zu knüpfen. Indes gefiel es ihm, sie an den Tod Christi zu binden, und nach freier Willkür bestimmte er nun dem Tode Christi den großen Wert, daß er für die Sünden der Menschen genug tue. Da es nämlich in Gottes Willkür steht, den Wert der Dinge zu bestimmen, wie ihm gut dünkt, so konnte er es auch wirklich so betrachten, als ob der Tod Christi für alle Sünden der Menschen genug getan hätte. Der Mensch aber soll sich dankbar in diese Anordnung Gottes fügen, da er ja weiß, daß Gott freier Herr über seine Handlungen ist." Wie gesagt, ist diese Theorie auf eine wahre Erkenntnis gebaut, nämlich auf die, daß Gott seinerseits keiner Versöhnung bedarf, um Sünden zu vergeben, allein die Form, in welche sie

---

[26] Vorläufer des Petrus Lombardus († 1153).

Scotus gebracht hat, trägt ebenfalls einen äußerlichen juridischen Charakter wie die Lehre Anselms. Die Willkür, welche Scotus in Gott setzt, ist nicht weniger Anthropomorphismus wie die menschlichjuridische Strenge des Anselmischen Gottes. Dies offenbart sich auch, sobald die Ansicht systematischer dargestellt wird, wie bei Grotius. Doch nicht nur dies, eben weil die Versöhnung eine willkürliche Anordnung Gottes ist, wozu weder von seiten Gottes noch des Menschen eine zwingende Notwendigkeit war, erscheint sie auch nach der Scotistischen Auffassung als überflüssig, oder wenigstens als außerwesentlich. Scharfsinniger und bedeutungsvoller ist die Gestaltung, welche diese Scotistische Theorie bei Grotius erhält, der das äußerlich-juridische Element, das in ihr verborgen liegt, bestimmter entwickelt, und eben dadurch zwar einerseits das Unrichtige der Ansicht mehr hervortreten läßt, andrerseits aber auch ihren Grundfehler, die Willkür Gottes, entfernt. Seine Darstellung ist diese (Defensio fidei catholicae de satisfactione Christi, Lips. 1730. Deutsch: Verteidigung des allgemeinen Glaubens von der Genugtuung Christi von Grotius, übersetzt von Johannsen, Flensburg 1800): „Strafen kann nur der Herr, also in der Familie der Familienvater, im Staat der Fürst, im Weltall Gott. Insofern Gott Strafen verhängt oder lospricht, haben wir ihn also nicht als Beleidigten, als Gläubiger anzusehen, wie Socinus dies will, sondern als Herrn, als Regenten. Denn 1. kommt nie dem beleidigten Teil als solchen zu, zu strafen und sich Recht zu verschaffen; 2. hat der beleidigte Teil an sich auch nicht einmal das Recht, den Beleidiger zur Genugtuung zu verpflichten; 3. hat der Regent das Strafrecht weder als ein Recht der absoluten Herrschaft, noch der anvertrauten. Denn Strafe wird nur um des allgemeinen Besten willen verfügt, damit die allgemeine Ordnung erhalten werde. Es sagt auch darum Gott, *er habe nicht gefallen am Tode des Sünders als solchen,* er will nie die Strafe um ihrer selbst willen. Bei einer absoluten oder anvertrauten Herrschaft widerstritte es auch nicht der Gerech-

tigkeit, sich derselben zu begeben, die Strafe zu erlassen, denn über sein Eigentum hat man freie Gewalt; aber Sünden darf kein Regent, auch nicht Gott ungestraft übersehen. Demzufolge ist nicht Gott durch die Sünde beleidigt worden, sondern das heilige Gesetz Gottes, die sittliche Weltordnung. Gott kann daher als oberster Richter Veranstaltung treffen, daß, um die Harmonie des Ganzen zu erhalten, dieser eine etwelche Genüge geschehe. So sehen wir, daß Zaleukus auf Ehebruch die Blendung beider Augen als Strafe setzte; sein Sohn war der erste, der bei diesem Verbrechen ergriffen wurde. Um das Gesetz zu befriedigen, reißt Zaleukus dem Sohn ein Auge aus und eines sich selber. Das Vergeben der Sünde um Christi Todes willen ist also, wie die Griechen schön sagen: „Nicht nach dem Gesetz, nicht wider das Gesetz, sondern über das Gesetz und für das Gesetz. Nicht *nach* dem Gesetz, weil wir selbst die Strafe tragen sollten, nicht *wider* das Gesetz, weil der höchste Richter verfügen kann, daß dem Gesetz nur eine etwelche Genugtuung geschehe; *über* das Gesetz, weil der Vergebende als solcher an die Anforderungen des Gesetzes sich nicht bindet; *für* das Gesetz, weil eine etwelche Genugtuung demselben in der Tat geleistet wird." —
Nach dieser Auffassung des Grotius wird eben so wie bei Scotus anerkannt, daß Gott der Versöhnung nicht bedürfe, zugleich wird aber auch die Scotistische Willkür Gottes entfernt, indem in der sittlichen Weltordnung die Notwendigkeit der Genugtuung Christi nachgewiesen wird. Andrerseits tritt jedoch hier noch greller als bei Scotus die äußerliche Auffassung des Verhältnisses Gottes zum Menschen hervor, samt allen den irrigen Ansichten, die im Gefolge dieses Hauptirrtums sind. — Was nun jene Wahrheit anlangt, welche ich, ungeachtet der genannten irrigen Theorien, auch nach meiner Betrachtungsweise der Versöhnung, bei Scotus wie bei Grotius, anerkenne, so ist diese keineswegs neu, jene Wahrheit nämlich, daß *Gott* der Versöhnung nicht bedürfe. Sie wird bezeugt von fast allen Kirchenvätern der ersten christlichen

Zeit. *Athanasius* (Athanas. Opp. Paris 1727. Orat III. contra Arian) sagt: „Gott hätte nur sprechen dürfen, um unsere Sünde zu heben, er hätte am Anfange der Welt erscheinen können, ohne unter Pilatus zu sterben." *Gregorius* von Nazianz (Gregorii Naz. Opp. Coloniae 1690. Orat. X. p. 157): „Alles dies tat der Heiland, obwohl er, als Gott, durch seinen *bloßen Willen* uns hätte erlösen können, wie er das Weltall durch seinen bloßen Befehl erschuf. Er brachte uns aber etwas Größeres, und das uns mehr beschämen kann, nämlich völlige Teilnahme an unserm Stande." — Trefflich ist auch die Stelle *Theodorets* (Opp. omn. ed. Hal. Orat. c. Graec. VI. p. 876): „Die göttliche Natur nahm nicht die Gebrechen des Fleisches an, auch hatte ihr Körper nicht Teil an den Sündenmakeln desselben. Sehr leicht wäre es ihm gewesen, auch ohne die Hülle des Fleisches, die Erlösung der Menschen zu bewirken, und durch seinen bloßen Willen die Macht des Todes zu brechen, die Mutter desselben, die Sünde, gänzlich zu vertilgen, und den Vater desselben, den gottlosen bösen Geist, aus der Erde zu treiben und in den Abgrund zu stürzen, wohin ihn in kurzem zu schicken er auch drohte. *Er wollte aber vielmehr offenbaren was seiner Vorsehung angemessen, als was seiner Macht.* Hat er es doch auch verschmäht, nichtswürdige Menschen vom Himmel anzureden. — Wenn ihr nun (ib. p. 878) in der Natur so viel Weisheit findet, und doch auch nicht überall alles erklären könnt, wie könnt ihr dann so kühn sein, gerade diese Heilsökonomie für unpassend zu halten. *Indes, ich weiß auch dies sehr wohl, hätte Gott einen andern Weg unserer Erlösung eingeschlagen, er hätte euch eben so sehr mißfallen."* Endlich *Augustinus*, der in einer früheren Schrift (Augustini Opp. ed. Antv. T. 1. I. II. De agone Christi, c. 11) die naive Stelle hat: „Es gibt Toren, die da sagen: Die göttliche Weisheit konnte die Menschen nicht erlösen, wenn sie nicht die menschliche Natur annahm. Denen sagen wir: Wohl konnte sie auch anders, aber wenn sie es anders gemacht hätte würde es eben so wenig eurer Torheit gefallen haben." Gleicherweise erklären sich später Gregor der Große, Leo der Große, der heilige Bernhard. Besonders schön spricht aber dieselbe Idee eine Schrift aus eines unbekannten Christen der ersten apostolischen Zeit, der Brief an den Diognet. Es heißt darin (Diognetbrief, Kapitel IX): „Bis vor kurzer Zeit ließ uns Gott nach unserm eignen Gelüsten von allen Begierden und Leidenschaften umhergetrieben werden, keineswegs sich freuend unserer Sünden, sondern sie ertragend, keineswegs billigend jene Zeit der Unheiligkeit, sondern den Sinn für Heiligkeit vorbereitend, damit, wenn das Leben ohne Christum die Menschen überführte, daß sie der ewigen Seligkeit unwürdig sind, sie nun als aus Gnaden der Liebe Gottes gewürdigt würden, damit wir, nachdem kund geworden, daß wir, uns selbst überlassen, nicht vermögen den Eintritt ins Reich Gottes zu erringen, durch Gottes Kraft dazu mächtig gemacht würden. Allein da unsere Verderbnis den höchsten Grad erreicht hatte, und ganz klar war, daß als Sündenlohn nur Strafe und Unseligkeit uns zuteil werden konnte, die Zeit aber gekommen war, wo Gott seine Liebe offenbaren wollte, wie bei seiner überschwenglichen Liebe zu den Menschen er uns weder haßte noch verstieß, auch der Vergehungen nicht mehr gedachte, sondern langmütig ertrug, wie er selbst sagt: *Unsere Sünden hat er auf sich genommen;* so gab er selbst seinen eignen Sohn zur Sühne für uns, den Heiligen für Unheilige, den Unsündlichen für Sündliche, den Ewigen für Vergängliche, den Unsterblichen für Sterbliche. Wie hätten auch anders wir sündlichen und unheiligen Wesen können gerechtfertigt werden, als in dem Sohne Gottes allein? O der süßen Verwandlung! O des unerforschlichen Heilsrates! O der unerwarteten Liebeserweise! Daß die Unheiligkeit vieler in einem einigen Heiligen untergeht, und daß eines einigen Gesetzerfüllung viele gerecht macht. Da er uns also überführt hatte in der vorchristlichen Zeit des Unvermögens unserer Natur, uns aus eigner Kraft Seligkeit zu bereiten, nun aber den Heiland uns aufstellt, der auch das zu retten Unmögliche zu retten weiß, wollte er, daß wir aus *beiderlei Verfahren* seine Liebe erkennen lernten, und ihn hielten für unsern Nährer, Vater, Lehrer, Ratgeber, Arzt, Geist, Licht, Ehre, Herrlichkeit, Kraft, Leben!" —

Die Erfahrung der Versöhnung

Siehe da, mein *Guido!* in dieser Versöhnungslehre das Schaubrot im Tempel des Herrn, das eines Davids Glaube nehmen darf; siehe da die verachtete Quelle Siloah, die aus Felsen springt und die allein Jerusalem zu wässern vermag, denn es hat sonst kein Wasser; siehe da den trockenen Pfad für die Kinder Israels durchs rote Meer der Sünden, zur Rechten und zur Linken türmen sich die Wogen, sie aber ziehen trocknen Fußes. Da heißt es: Siehe da, ich schaffe ein Neues im Lande! Jauchzet ihr Himmel, rufe du Erde herunter, ihr Berge frohlocket mit Jauchzen, der Wald und alle Bäume drinnen. Denn die Ritterschaft hat ein Ende, die Missetat ist vergeben. Die Unfruchtbare hat viele Kinder, daß sie verwundert ausruft: Wer hat mir diese alle gezeugt? Der Blinden Augen werden aufgetan, der Tauben Ohren geöffnet, die Wüste wird zur Brunnquelle, der Glanzschein der dürren Sandesfläche zu lebendigem Wasser[27]. Die Erlösten des Herrn kommen gen Zion mit Jauchzen, ewige Freude ist über ihrem Haupte, Freude und Wonne ergreifen sie, Schmerz und Seuf-

---

[27] Eins der herrlichsten Bilder der alten Propheten von der Messianischen Zeit. Dem lechzenden Wanderer der Wüste bietet oft, wenn die Sonne prall auf die Sandesfläche niederscheint, die Sandebne von Ferne das Bild eines erquickenden Gewässers dar, er eilt hinzu, und findet — Sand und Sonne.
So der Nicht-Christ; er eilt von einer Sandwüste zur andern und klagt mit *Goethe: Ach, daß das Dort doch nimmer hier wird!* In Christo wird das Dort hier. Darum verkünden die Propheten, dieser Glanzschein, scharab im Hebräischen, werde zu des Messias Zeiten lebendiges Wasser werden.

zen wird wegmüssen (Jes. 35). Das ist die Zeit, von welcher selig begeistert der Prophet verkündet (Jes. 25): Der Herr wird machen allen Völkern auf diesem Berge ein fettes Mahl, ein Mahl von reinem Weine, von ausgemarktem Fett, von hefenlosem Wein. Abtun wird er auf diesem Berge die Trauerhülle, die über dem Menschengeschlechte liegt. Von allen Angesichtern wird er die Tränen abwischen, *denn der Herr hat's gesagt.* O selige Verheißung, o beseligendste Erfüllung! Konnte schon ein Jesaja mit Zungen reden von dem großen Heile, obwohl er nur tief aus dunkler Ferne das goldene Morgenrot heraufziehen sah und um die Ränder der Erde sich hängen, o so wird uns, denen das Flammenmeer göttlicher Liebe nicht bloß über den Scheitel gezogen ist, sondern in die Tiefen unserer Brust, so wird uns die Sprache vergehen; was wir haben, sind nur — unaussprechliche Seufzer (Röm. 8, 26). *Guido!* Hat der Mann nach dem Herzen Gottes sich nicht geschämt, im leinenen Kittel mit aller Macht vor dem Herrn herzutanzen, da er seine Bundeslade wieder errungen (2. Sam. 6), o so wollen wir uns auch nicht schämen, laut in die Zither zu greifen und ein Lied im höheren Chor zu singen von dem Sterben des Zimmermannssohns! Mögen auch viele Königinnen Michal aus dem Fenster sehen und ihres Gemahles sich schämen, *wir* sind doch noch kein König David. Will sich Andres[28] rädern lassen für die bloße Idee, so können wir uns wohl ein bißchen auslachen lassen für den Schmerzensmann selber. Ja ich sage es laut und möchte es in alle Welt ausschreien: *Ich hab' nur eine Passion, und die ist er, nur er!* — Doch muß ich wohl nun abermals den Strom, der sich unaufhaltsam aus meiner Brust ergießen möchte, zur Verkündigung des großen Sohnes Mariens zurückdrängen, und Dir noch in geregelter Rede nennen, welches nun die Folgen sind jener Tat, welche Alte und Neue Welt, Himmel und Erde verbindet.

---

[28] siehe Anm. 5.

Wenn wir von den Wirkungen der Versöhnungslehre reden sollen, ist es vor allem Not, den erforderlichen Zustand dessen anzugeben, welcher sich die Vergebung der Sünden aneignen will. Denn das unter die Dornen fiel und erstickt wurde, und das auf das Steinige fiel und nicht viel Erde hatte, das ging nicht auf. — Nur der Hungernde verlangt nach Brot. — Daß also bei dem Annehmen der Vergebung der Sünden ein *Hunger* nach Gerechtigkeit vorhanden sein müsse, liegt in der Sache selbst. Doch gibt es auch des Hungers verschiedene Arten. Es hungert das halsstarrige Israel in der Wüste, weil es Gottes Manna verschmähte, es hungert ein Daniel in der Löwengrube. Es hungerte der verlorene Sohn bei den Trebern seines Herrn, es hungerte ein Lazarus an der Türe des Reichen. Der Hunger, den nun das Evangelium voraussetzt zur Erfahrung der Beseligung durch die Versöhnung in Christo, ist auf der einen Seite das Anerkenntnis, daß der Mensch so wenig das Ideal der Heiligkeit erreichen kann, daß auf jeder errungenen Stufe er es aus einem höheren Himmel ihm entgegenwinken sieht, daß auf der andern Seite die Einsicht, wie während der ringenden Seele im Verlaufe des Lebens nur in fliehenden Augenblicken es gelingt, den Demant einer heiligen Tat oder die Dornenkrone einer göttlichen Selbstverleugnung auf die eine Waagschale ihres Gottes niederzulegen, die riesige Hand ihrer Selbstsucht mit jeder rollenden Stunde Felsen von Sünden und Übertretung auf die andere Schale schleudert. Neben beidem muß nun aber die unumstößliche Überzeugung stehen, daß wo einmal auf hoher See der Kampf der Elemente entbrannte und sie grollend streiten, es nicht die Klugheit des Steuermannes ist, noch seine Arbeit und sein Schweiß, der den schwanken Nachen zu retten vermag, daß, wofern nicht aus einer andern Welt erschallt das mächtige: „Meer verstumme!" seine Wogen sich nicht legen. Es ist in der sittlichen wie in der physischen Weltordnung nur einer, der sagen kann: *Bis hierher und nicht weiter, hier sollen sich legen deine stolzen Wellen.* Oder kann auch der Mensch den

Leviathan ziehen mit dem Hamen und seine Zunge mit dem Strick fassen? Kannst du ihm eine Angel in die Nase legen, und mit einem Stachel ihm die Backen durchbohren? Meinest du, daß er einen Bund mit dir machen werde, daß du ihn immer zum Knecht habest? Bist du vom ersten Hauche deines Lebens an sein williger Sklave gewesen, und meinst nun ihn binden zu können wie einen Vogel? Wenn du deine Hand an ihn legst, so gedenke daran, daß es ein Streit sei, den du nicht ausführen wirst. Diese Anerkenntnis ist es, was vereint sein muß mit dem bangen Bewußtsein von der nächtlichen Wogentiefe, in die wir gestürzt sind, mit dem Bewußtsein, daß die Sterne unserer Heimat aus einer so fernen Sonnenbahn in unser Elend herabschauen, daß, ob wir auch unter Schweiß und Tränen von einem Felsenriffe zum andern klimmen, um ihnen näher zu kommen, es doch, ohne eine andre Hilfe als unsre eigne, nur die Pilgrimschaft durch die weite Wüste unseres Elendes ist, die wir verrichten, so daß der unglückliche Geist, wenn er auch vom letzten Felsenriffe aus die Sterne noch nicht näher schimmern sieht, als von dem ersten, in öder Verzweiflung seine Hände sinken läßt und rettungslos in die Tiefe stürzt. — Seelen, die also ihre Ohnmacht wie ihre Sünde fühlen, sie sind die Mühseligen und Beladenen, sie sind die Krüppel an den Landstraßen und Hecken, die zur königlichen Tafel geladen werden, und was sie hier empfangen, ist: *Vergebung ihrer Sünden und Rechtfertigung*. Kraftvoll kommt sie geströmt, diese Lebensluft, und aus ihrer Vermählung mit dem Herzblut des gebeugten Sünders wird der Odem einer heiligen Liebe geboren. Die Liebe ist der David, vor welchem gesungen wird: Hat Saul Tausend geschlagen, so David Zehntausende; die Liebe ist der Bergquell, der, ist er einmal auf der Spitze des Felsgebirges entsprungen, nicht rastet, bis er den Weg sich gebahnt in die Tiefe, sollte er auch jählings hinab sich stürzen. Hatte der Mensch die Abscheulichkeit der Sünde so sehr erkannt, daß er, weil er sich nach Platons bezeichnendem Ausdrucke „geringer als er

selbst" fühlte, vor sich selber hätte entrinnen mögen, hatte das Bewußtsein vorhergegangener schwerer Schuld ihn so in den Staub gedemütigt, daß er nur mit zweifelndem Blicke in die Zukunft schaute, und er hört nun, ungeachtet aller vorhergegangenen Übertretung ist dein Gott dennoch dein Freund: so muß ihn bei dieser Erfahrung eine selige Freude durchschauern, er fühlt sich zu seinem Gott hingezogen wie wär' er Fleisch und Blut, mit einer Liebe die sonderlicher ist denn Frauenliebe (2. Sam. 1, 26). Und *was man liebet, das lebt man*. Der, den er liebet, wird nun sein Leben. Er kann nach diesem innern Liebesdrange nicht mehr sündigen, d. h. insofern dieser Liebesdrang in ihm regiert, ist alle Lust zur Sünde ausgeschlossen. —
Und wenn nun das Leiden, wenn das Sterben seines Erlösers in der Stunde der Zerknirschtheit vor das Gemüt des Sünders tritt, es ist ein elektrischer Schlag, durch den das Herz bis in seine tiefsten Tiefen erschüttert wird, daß ihm nicht bloß Funken göttlicher Liebe entlockt werden, sondern die himmlische Berührung es ganz und gar in Flammen setzt. Wenn der von seinen Sünden gedrückte tiefere und dem Göttlichen unverschlossene Mensch bei Anhörung jener Predigt staunt, wenn er vor die Geschichte dessen hintritt, dessen Leben und Sterben ihn heilig und selig machen soll, wenn er nun von der Stunde, wo der Knabe in dem sein will, das seines Vaters ist, bis zum: Es ist vollbracht! am Kreuz in Allem einen Menschen sieht, der keine andre Speise kennt, als daß er seines Vaters Willen tue, der nicht gekommen war, daß er sich dienen ließe, sondern daß er diente, der nicht König und nicht Rabbi heißen wollte, sondern seinen Jüngern sagte: *Wer unter euch der größte sein will, der sei des andern Diener*, der, da er wußte, daß er vom Vater gekommen war und zum Vater ging, aufstand, einen Schurz umgürtete, Wasser in ein Becken goß und seinen Jüngern die Füße wusch — so wird eine solche Seele sich sehr klein fühlen, und am liebsten hineilen mögen und den Fuß eines solchen Menschen mit den Tränen waschen

und mit den Haaren trocknen wollen. Wenn sie aber weiter blickt hin auf seine Vollendung, wenn sie ihn in jener Schmerzensnacht nach gehaltenem Abendmahl, hinausziehen sieht über den Bach Kidron, und im ganzen Gefühl seiner Menschheit die Abnahme des Kelches erflehen, wenn sie ihn mit dem Kusse verraten sieht, und in seiner stillen Größe schweigend vor dem Hohenpriester stehen, wenn die Dornenkrone sein Haupt schmückt und er nun ruft: Ja ich bin ein König! Dazu bin ich geboren und in die Welt gekommen, daß ich von der Wahrheit zeuge — wenn nun der Zug nach Golgatha beginnt, wenn die Seinen weinend, aber schweigend folgen, wenn die Weiber laut ihn beklagen und beweinen, wenn er da in seiner ganzen himmlischen Größe sich hinkehrt mit den Worten: *Ihr Töchter Jerusalems, weinet nicht über mich, sondern über euch!*, wenn er nun hinaufgezogen wird am Kreuz, wenn nun der Missetäter zur Linken, gleichsam die eine Hälfte der Welt, ihn lästert und schmäht, während der zur Rechten, gleichsam die andere Hälfte derselben, mit ihm im Paradies sein will, wenn er zum Jünger, den er lieb hatte, von seiner Mutter redet, wenn er dürstet und wenn er ausruft: *Es ist vollbracht!* und nun die Sonne ihren Schein verliert und des Tempels Vorhang zerreißt, und in der Dunkelheit unter dem Kreuze in der Stille beim Fliehen alles Volkes nur die Stimme des Heiden erschallt: *Dieser ist wahrlich Gottes Sohn gewesen!* — wenn dies alles die trostbedürftige Seele schaut, wenn sie glauben *darf*, dies ist alles zu deinem Heil geschehen, und wenn sie nun wirklich die große Tat des Willens ausübt und es *glaubt*, so sinkt sie verstummend auf das Knie, und ihr Verstummen ist — das größte Gebet ihres Lebens. — Es muß, wo dies durch die höchste Willenstat des geistigen Lebens angenommen und geglaubt wird, es *muß* nach der Natur des Menschen aus diesem Glauben eine flammende Liebe und Inbrunst hervorquellen für den Schmerzensmann, und aus dem für alles Heilige sich nun weit auftuenden Herzen dringt die große Frage: *Das tat er für dich, was tust du für ihn?*

Großer, heiliger Jesus! Das Atmen deiner Liebe strömt wie Morgenluft einer jenseitigen Welt überwältigend in alle Adern meines selbstsüchtigen Herzens, daß die Blutwellen höher wallen, und ich es fühle, als hätte aus deiner seligen Ewigkeit der Abglanz deines unvergänglichen Lebens sich in meine Brust geworfen. Es ist der Keim einer neuen Liebe und eines neuen Lebens in meinen Busen gekommen, allgewaltig breitet er sich aus, erstickt Giftpflanzen an allen seinen Seiten, und seine Äste und Zweige streben ins äußere Leben hinaus. —

Die Folgen der Wiedergeburt

Ja so empfand ich es, als ich zum erstenmal wagte es zu glauben, Jesu Leben und Sterben sei das meinige, es gehöre mir zu. Doch die erste Liebe des begnadigten Christen, sie ist nur der Vorfrühling, auf den noch rauhe und kalte Tage folgen, sie ist die Seligkeit der Kinderträume, aus denen es nur durch des Jünglings Irrfahrten und Kämpfe zur Mannesruhe geht, denn zwischen der Alten und Neuen Welt des Geistes liegt ein unermeßlicher Ozean, und dies ist kein *stiller*. Es ist die erste Liebe und der erste Genuß des Heilandes ein Kuß des großen Lehrers, damit er in seine Schule lockt; hat er ausgeküßt, so lernt der Mensch die Lektion, die das Gesetz für Ewigkeiten ist. Du wirst es aus eigner Erfahrung wissen, wie Schwüle physische Erdbeben ankündigt, und ist es geschehen, eine spröde Kühle folgt, also ist es bei jenem Erdbeben der geistigen Wiedergeburt, unter dessen gewaltigem Tritt alle alten Götzentempel in Trümmer sinken. Die neue Welt, die vor den Augen des eben Wiedergeborenen sich auftut, als wäre das verlorene Eden mitten in die schale Wirklichkeit herabgesunken, ergießt sich von allen Seiten her mit ihren tausend Reizen in des Neugeborenen Seele, aus den Dämmerungen ferner Himmel ziehen geflügelt Töne in sein aufgetanes Herz, die nicht mehr von vergänglichen Freuden reden, sondern von ewigen, über Gethsemanes Garten brennt ein heiliges Feuer, und in Golgathas umnachteten Höhen leuchtet ein unvergänglicher Stern. Die Erde ist die Schwelle geworden, von welcher der Erlöste einen Schritt höher in das Allerheiligste tritt, die tote Natur ist das Zifferblatt, das dem Gläubigen den verborgen Allwaltenden weiset, die lebendige der Spiegel, in dem er den Sichtbaren anschaut, die Kirche ist die Hütte Gottes unter den Menschen, und jeder Mitmensch ist der Engel, mit dem er die Ewigkeit feiern wird. Seine Empfindung fühlt in sich keine Unheiligkeit, seine Hoffnung sieht keine Sünde mehr in der Welt, die er schon im Geiste von dem allüberwindenden König besiegt schaut. Die Spanne von Jahren, die ihn vom Jenseits noch trennt, verschwindet seinen Blicken, sein fröhlicher Glaube schlägt schon jetzt Brücken hinüber, und jedes Dort ist ein Hier geworden. — Doch es schwinden diese Zeiten, die himmlischen Dinge, die vor sein Seelenauge getreten, verlieren den Reiz der Neuheit, die alten Sünden aber, die nur gleichsam vor Erstaunen zurückweichen, brechen um so eifersüchtiger wieder hervor, um ihr Erbgut nicht fahren zu lassen. Nach jeder großen Anspannung folgt, nach den Gesetzen der menschlichen Natur, eine Abspannung, das überschwengliche Gefühl weicht, und gerade im Gegensatz damit ist die Kälte, die nun eintritt, desto schneidender. In diesem inneren Dämmerlicht kommen alle Nachtvögel wieder hervor, um die eingeschüchterte Seele zu schrecken, und von zwei Seiten bricht eine feindliche Kriegsmacht gegen sie los. Es ist der *Trotz* und die *Verzagtheit*, welche gegen sie andringen, und wechselseitig sich den Besitz ihrer Beute abkämpfen. — Es ist der *Trotz*, welcher den Menschen bereden will, da er auch *nun* nach jener heiligen Theophanie, die ihm geworden, wieder derselbe sei nach Willen und Neigung, so sei es nun aus mit ihm, Gott selbst wolle ihn nicht heiliger, sonst hätte er ihm überwindende Kraft verliehen, jetzt solle er nur keck darauf lossündigen, heilig könne er doch nicht mehr werden, entweder werde Gott um Christi Todes willen auch alle diese Missetat vergeben, oder —, hier pflegt dann verzweifelnd die Sprache zu stocken, die Erkenntnis läßt sich nicht mehr verblenden Scheingründe zu leihen, da bricht denn der frevle Sünder die Gedankenreihe ab, und ehe die Erkenntnis laut wird, stürzt er sich in die Sünde, um im haschenden Genuß derselben sich und Gott zu vergessen. Oder die *Verzagung* fällt über die Seele her und raunt ihr betörend ein: die Sündenlust ist aufs Neue erwacht nach den heiligen Stunden deiner geistlichen Geburt, siehe selbst, was war sie also anders, denn Täuschung? Oder war sie keine Täuschung, und du vermochtest wirklich, aus einer so göttlichen Höhe so tief in den Abgrund zu stürzen, o so ist auch keine Rettung mehr für dich, du selbst bist dein Henker geworden, traurig und elend wirst du heilloser Sünder deines Lebens Tage hinbringen müssen, und dein Los ist *Verderben*. Der Trotz und die Verzagung, sie kommen aus derselben Herzenskammer, *der Kern des Trotzes ist Verzagung, das Wesen der Verzagung ist Trotz*, darum ist ihr Ziel dasselbe; darum ist aber auch für beide ein Heilmittel. Noch ehe dies angewandt wird, muß indes einer solchen Seele erst gewiesen werden, welcher Natur die *Wiedergeburt* sei, daß sie eben nur eine *Geburt* ist, was aber so eben geboren ist nur *Kind*, zum Manne muß es erst *wachsen* und *reifen*, die Wiedergeburt ist bloß der *Anfang* eines neuen Lebens in Gott. Sodann muß gezeigt werden, daß jenes beseligende Gefühl und jener Aufschwung des Geistes bei jener großen Tat Gottes am Herzen wohl das Wetterleuchten war, das die Nahekunft eines Gottes verkündete, doch nicht dieser selber, daß es der Heiligenschein war um das Haupt des in der Krippe des neugeschaffenen Herzens schlummernden Jesuskindes, doch nicht dieses selber. Der Gott, der in der Wiedergeburt Mensch wird, offenbart sich allein in dem Tempel der Willensneigung, hier ist es, wo er die große Umgestaltung bewirkt, daß, was das Herz liebte, es fortan zu hassen beginnt.

Ist nun der Mensch zur Überzeugung gelangt, daß die Wiedergeburt nur der Vorhof zum Tempel Gottes sei, wiewohl auch er auf geheiligtem Boden gegründet, und das Gefühl nur das Flammenzünglein über den vom Geist erfüllten Aposteln, und er kann auch bei dieser Erkenntnis trotzig sein Antlitz vor Gott verbergen, oder verzagend hinter den Strauch sich stellen, so wird sich gerade hier die Heilsanstalt in Christi Leiden und Sterben als für die Bedürfnisse der menschlichen Natur besonders heilsam erweisen. Der aus Trotz in den Sünden sein Gewissen ersticken Wollende, wird lauter als durch Gottes: *Kain, wo ist dein Bruder Abel?* durch des Heilandes: *Mein Gott, mein Gott, warum hast du mich verlassen?* aus seiner erheuchelten Grabesruhe aufgeschreckt werden. Hat er einmal die drei Kreuze auf Golgatha in Gottes Lichte erblickt, so ragen sie in ihrer schauerlich erhabenen Bedeutung gewiß in jede seiner geheimen Genußstunden hinein, und mit einem Gedächtnis, unaustilgbar wie das Gewissen, muß er der großen Geschichte gedenken. Was er dann besonders gleich glühenden Kohlen von seinem Haupte wird zu schütteln versuchen, das ist die aufdringliche Liebe mit der der Unendliche seinen verirrten Geschöpfen nacheilt. Denn, weit anders als das Hegen und Wärmen der Sonne des Firmaments, ist das der Sonne der erschaffenen Geister. Steht jene fest und starr an ihrer hohen Himmelsbahn, und muß die Blüte und der Mensch verwelken, der nicht aus seinem Schatten ihrem Lichte entgegeneilt, so schwingt diese sich herab von ihren seligen Höhen, in die untersten Tiefen sich senkend, und ist wie ein verschlossener Herzenskelch, der ohne Licht und ohne Wärme einsam vergehen will, so stellt sie sich darüber, und ihre Lebenskräfte strömen und ihre Strahlen schießen, bis er allmählich sich öffnet, und sie nun, auch durch die leiseste Entfaltung, sich mit der ganzen Fülle ihres ewigen Lebens hineinsenken kann. *Er hat uns zuerst geliebet.* — Doch so unendlich tief ist der Mensch gefallen, daß er, wenn einmal die Selbstsucht wieder in ihrer ganzen Fürchterlichkeit ihn ergriffen, auch das hellste Bewußtsein von der allein ihn zu retten vermögenden unüberwindlichen Liebe Gottes unterdrückt, daß er im stolzen Ingrimm seines an sich verzagen *wollenden* Herzens fast krampfhaft das Auge schließt vor dem Trost Israels, und schreit: *Ich kenne den Menschen nicht.* Allein den Mantel des Wanderers, den der Sturm mit aller seiner Kraft nicht abzureißen vermag, weiß die Liebeswärme der Sonne ihm bald unerträglich zu machen. Wenn der Gedanke an Christi Leiden und Sterben für die Sünden der Welt den Verirrten im Genusse seiner erhaschten Lust nie ruhig werden läßt, sondern den Ernst der Heiligkeit Gottes und die Abscheulichkeit der Sünde immer wieder vor seine Seele stellt, und wenn bei dem Schreckenden, was die Offenbarung der Heiligkeit Gottes in dem Leiden des Heiligsten hat, sein Gewissen zwar zu einem Geier wird, der unaufhörlich die Leber seiner Genußsucht zernagt, er aber dennoch, obschon, bei der Entblätterung aller seiner Genüsse und Freuden, sein Leben ein dumpfes Leichenleben geworden ist, voll bitteren Grolles sich lieber am Modergeruch nähren will als Magdalenensalbe kaufen[29], so ist ungeachtet alles dieses in jenem Leiden und Sterben die Offenbarung einer rührenden Liebe Gottes so groß, daß, wenn diese ihn überall hin begleitende und über ihn sich stellende Sonne nicht aufhört mit ihrem Strahlenregen ihn zu übergießen, endlich wieder ein leises Hoffen aufkeimt, und nur soviel Eröffnung bedarf das göttliche Liebesfeuer, so fährt es allgewaltig hinein und breitet die Blumenblätter weit auseinander. Solches ist die Wirkung des Versöhnungsglaubens bei dem trotzig Verzagten. Er erkennt alsdann, daß der Grund seines Verderbens kein anderer war, als daß er sich *schämte* Gnade zu nehmen, und *immer wieder* Gnade zu nehmen. Er hatte Vergebung seiner Sünden in seiner Wiedergeburt empfangen, die nahm er an, nun aber

---

[29] Anspielung auf den Ostermorgen, wo Maria Magdalena Salbe kauft (Mark. 16, 1).

meinte er auf eigne Hand die Vergebung der Sünden durch einen heiligen Wandel erringen zu können, und gedachte nicht, daß die Vergebung und Rechtfertigung aus freier Gnade nicht *einmal* im Leben geschieht, daß dies die große Absolution ist, die der Mensch in jeder Stunde, nach jedem Versehen, aufs Neue mit Kniebeugen annehmen muß. Er wollte nicht länger mehr es sich genügen lassen, daß Christi Gerechtigkeit sein Schmuck und Ehrenkleid sein sollte, er wollte etwas Eigenes vor ihn bringen. — Der Irrtum des verzagt Trotzigen ist kein anderer, nur daß das, was bei jenem das Wesen im Hintergrunde war, bei diesem als Form im Äußeren sich zeigt. Der Cholerische und Melancholische wird trotzig verzagt, der Sanguinische und Phlegmatische verzagt trotzig, doch der Irrtum und die Sünde ist gleich. Der verzagt Trotzige wird, statt kühn mit dem *Gott* zu rechten, der ihn nicht vollkommen heilig machte, denselben Hader mit sich *selbst* beginnen; statt verwegen in der Sünde Strudel sich zu stürzen, mit zögerndem Arme sich von ihr empfangen lassen; statt den Himmel zu erwählen oder die Hölle, des Hades Schattenleben führen. Doch auch ihm blickt von Golgatha her das Holz des Todes als Baum des Lebens, und zwar äußern auch bei ihm dessen Lebenskräfte sich *schreckend* und *lockend*. *Schreckend*, denn auch ihm ist das Leben und Leiden des Herrn gleichsam ein verpersönlichtes Gewissen geworden, und das Kreuz Christi ist jener Felsen des Phlegyas[30], der nimmer tötet aber immer dräuet — aus Gethsemanes Garten tönt ihm unaufhörlich die Stimme entgegen: *Wache auf der du schläfst, so wird dich Christus erleuchten!* (Eph. 5, 14). *Lockend,* denn wenn länger der Blick der verzagenden Seele an dem gebrochenen Auge des Gekreuzigten hängt, wenn seine letzten Reden noch einmal ertönen vor ihren Ohren, und wenn dann im Augenblick einer heiligen Rührung der

---

[30] Phlegyas: griechische Sagengestalt, die in der Unterwelt vom Felsen bedroht wird.

Geist des Herrn, wie wäre jetzt eben erst der Beschluß von Gottes Thron ausgegangen, mit lauter Stimme in die verzagende hineinruft: Also hat Gott die Welt geliebt! so wagt auch sie wieder ein leises Hoffen, das nun zum Verlangen erglüht — und nun zum *Glauben*.

Vom Erkennen der Sünde

Wie eine große Sache es um den Glauben an die vergebende Gnade Gottes sei, das lernt der Mensch durchaus nur durch immer gründlichere Erkenntnis der *Sünde*. Es ist der Natur der Sache nach unmöglich, daß die Abnahme der Last und die Gefühle bei der Abnahme der kenne, welcher die Last nicht fühlt noch gewahrt. Je nachdem nun die Naturen der Menschen verschieden, erkennt auch die Größe jenes Glaubens der Sünder zu verschiedenen Zeiten. Der eine kämpft den großen Kampf durch sogleich bei seiner Erweckung, der andere in der Zeit jener schnöden Kühle, die so häufig bald auf die Glut der ersten Liebe folgt, der dritte wird zu Jesu durch eine noch dunkle Ahnung gezogen, und erst nach langem Umgang mit ihm lernt er sein Verderben kennen und an die Versöhnung nur glauben, nachdem er schon Jesu Freundlichkeit geschmeckt. Den letzteren Weg wählt Gott oft bei recht verderbten, aber kräftigen Seelen, welche, wenn sie, ehe Christus ihnen geoffenbart, das Verderben in sich kennen lernten, erstarrt der Verzweiflung in die Arme sinken würden. Darum soll auch der Mensch keine stehenden Formen erfinden, danach er Bekehrung mißt, der Geist Gottes weht *wo* er will, auch *wie* er will. Nur Irdisches geschieht nach Maß und Gesetz, Göttliches nicht *wider*, aber *über* Maß und Gesetz, wie es nämlich bei uns ist. Der eine geht über die Landenge nach Palästina, der andere durchs Rote Meer und die Wüste, wenn sie nur beide ankommen. Wer nun aber wirklich zur Erkenntnis gekommen, welch ein großes Ding es ist bei aller unserer Verderbtheit dennoch unsere Freundschaft mit Gott zu glauben, der legt auch Zeugnisse davon ab, die anderen völlig unfaßlich sind, indem sie wohl eher eben so zu kämpfen haben, um nur das Bewußtsein ihrer *Sünde* sich zu erhalten. Laß mich Dir von unserem *Luther* einige Stellen herschreiben, der wohl, wenn irgend einer, beides, wie das Gewicht der Sünde, so das der Gnade erfahren. Er sagt bei Gelegenheit des Ringens Jakobs mit Gott (Luthers Werke, Altenb. Ausg. Th. IV. S. 213): „Das Wort ist das Leben, Stärke und Kraft des Manns, das hat er im Herzen gefasset und so feste gehalten, daß es mußte wahr bleiben, und gedacht, der will dich auf der Stätte erwürgen, gehet so mit mir um, als sei er von Gott verordnet. Nun, laß ihn machen! Gott hat gesagt, *er wolle mich wieder heim zu Lande bringen,* das muß geschehen, sollt gleich Himmel und Erde reißen. Es komme Teufel oder Engel, oder er selbst, und schlage mir's anders für, so gläube ich's nicht. Da hat er die alte Haut fein müssen ausziehen, und sich brechen, hat nichts gefühlet in Leib und Leben, denn daß er sich hat gestöhnt auf die Wahrheit, die nicht trügen konnte. Wenn wir auch in Anfechtung versuchet hätten, wie Gottes Wort stärkt und einem Mut macht, so könnten wir's verstehen; weil es aber nicht versucht ist, so ist es kalt und schmeckt nicht. *Aber wenn es kömmt, daß man muß Hände und Füße lassen gehen, und kann nur das Wort erhalten, so siehet man was es für eine Kraft ist, daß kein Teufel so stark ist, daß er's umstoße, ob er's wohl beißet und will's verschlingen, ist ihm aber ein glühender feuriger Spieß.* Es ist ein geringes Wort, das weder Schein noch Ansehn hat, doch so es durch den Mund oder Rede ins Herz gefasset wird und versucht, wird man's gewahr, was es kann." — Und in der Auslegung des Galaterbriefes hat er die herrlichen Worte (Luthers Werke, Th. VI. S. 540): „Es ist eine schlechte Sache die Wohltaten Christi also in Gemein anhin rühmen und preisen, als nämlich daß er ja für die Sünden gegeben sei anderer, so es würdig gewesen und verdienet haben, aber wenn man soll die Zungen lenken, und sagen er sei für *unsere* Sünden gestorben, da stutzt die Natur und prallet die Vernunft zurücke hinter sich, und darf Gott nicht unter Augen treten, kann's gar übel ins Herz bringen, daß sie gläube, daß solcher Schatz ihr aus Gnaden durch Christum, ohne Verdienst und eigne Würdigkeit gegeben werde, darum will sie auch mit Gott weder zu schaffen noch zu schicken haben, sie sei denn zuvor allerding ganz rein und sündlos. Darum wenn sie gleich diesen Spruch: *Der sich selbst für unsere Sünden gegeben hat*, oder sonst andere dergleichen lieset und höret, zeucht sie doch und versteht das Wörtlein: *unsere*, nicht auf sich selbst, sondern meinet es sei nur allein von anderen gesagt, so solcher Gnaden würdig und heilig seien, nimmt ihr derhalben für der Gnaden so lang zu warten, bis sie durch ihre Werk der Gnaden würdig werde. — Solches ist denn im Grund der Wahrheit nichts anders, denn daß die menschliche Vernunft gern haben wollte, *daß die Sünde nicht so groß und stark wäre, als sie Gott in der Schrift machet, sondern daß sie so gern ein gering und ohnmächtig Ding wäre, als sie, die Vernunft*, selbst davon träumet. — In Summa, menschliche Vernunft ist also gesinnt, daß sie unserm Herrn Gott gern einen solchen Sünder fürstellen wollte, der mit dem Munde wohl spreche: Ich bin ein Sünder, und es doch im Herzen dieweil dafür hielte, er wäre dennoch kein Sünder, der auch keine Sünde fühlete, noch einige Sünde sich schrekken ließe, sondern der allerding und allenthalben ganz gesund, rein und frisch wäre, und keines Arztes bedürfte. — Derohalben, so ist dieses wohl die allerhöchste Kunst, und rechte Weisheit der Christen, daß man diese Worte St. Pauli: *Der sich selbst für unsere Sünden gegeben* für einen rechten Ernst, gewiß und wahrhaftig halten, und glauben kann, als nämlich, daß Christus in den Tod gegeben sei nicht um unser Gerechtigkeit oder Heiligkeit, sondern schlechts um unsrer Sünde willen, welche *rechte, große, grobe, viel ja unzählich und unüberwindliche Sünden* sind. Darum darfst du dir nicht träumen lassen, als wären sie so gering und klein, daß wir sie mit unsern eignen Werken könnten tilgen. Dagegen sollst Du aber auch nicht verzweifeln, ob sie wohl so überaus groß sind, welches Du erst recht erführest, wenn es dermaleinst, es sei gleich im Leben oder Sterben, dazu kommt, daß Du sie recht fühlest, sondern lerne hier aus St. Paulo das gläuben, daß Christus sich selbst gegeben hat, nicht für erträumete oder gemahlete, sondern für wahrhaftige, nicht für kleine, geringe, sondern für überaus große und grobe, nicht für eine oder zwo, sondern für alle, nicht für überwundene und getilgte, sondern für unüberwundene und starke, gewaltige Sünden. Denn freilich kein Mensch, ja auch kein Engel eine einige, auch die allergeringste Sünde überwinden kann. — Ich sage solches führwahr nicht vergeblich, *denn ich habe es oftmals selbst erfahren und erfahre es noch täglich, je länger je mehr, wie über die Maßen es schwer ist zu gläuben*, sonderlich wenn das elende Gewissen sein Not- und Schweißbad hat, daß Christus gegeben sei nicht für die, so da heilig, gerecht, würdig sind, sondern für die Gottlosen, Sünder, Unwürdigen."

Wehe also den Lehrern, welche, ehe noch dieser Kampf begonnen, darin die zweifelnde Seele nicht im Traume, sondern in der Wirklichkeit mit Gott ringt, und endlich, um obzusiegen, sich aufs Wort gründet, den Kampf und seinen Schweiß entgegenkommend hindern wollen, indem sie die Sünde selbst geringer darstellen, mit schwächeren Farben malen! Nein, wie Luther sagt, als gar *große gewaltige* Sünden müssen sie angesehn werden, als wahrhafte *Scheidewände* zwischen uns und Gott, wie auch *Melanchthon* sagt (Melanchthonis Comm. in Ep. ad Rom. c. V. v. 12. T. III. Opp.): „Wie man Krankheiten nicht geringer darstellen darf als sie wirklich sind, so auch die Sünden nicht. Die Sünden sind nicht irgend eine leichte Schwäche, sondern schreckliche Widersetzlichkeiten der Seele und des Leibes gegen das Gesetz Gottes."
Aber je deutlicher wir die riesenhafte Größe unseres Feindes

erkennen, desto göttlicher wird uns der Schlangentöter erscheinen, der ihm aufs Haupt tritt. O könnte nur das alte, faule Herz recht umgeschüttelt und umgerührt werden, daß alle Giftnebel, deren Keime darin schlummern, heraufsteigen, möchten sie dann auch auf einen Augenblick die Sonne und den Himmel verdunkeln, bald zerteilt sie die Sonne und der Boden wird gesund. — Die eine Bemerkung kann ich noch zum Schlusse dieser meiner Worte nicht zurückhalten. Es ist wahr, der Leichtsinn und der Trotz in den Menschen unseres Geschlechts ist so groß, daß, weil wenige die Sünde kennen, sie am wenigsten sich bekümmern um deren Vergebung. Wie tief in der Seele aber bei allem Leichtsinn das Gefühl der Schuld ruhe, das dann nur in der stillen Schwüle innerer oder äußerer Leiden, wo der Sturm der Weltlüste schweiget, lebendig wird, am meisten wenn es zu des Lebens Ende geht, das ergibt sich, wenn die Frage ihnen getan wird: *Bist du unerschütterlich wie deiner Existenz, so deiner ewigen Seligkeit gewiß? Kannst du darauf sterben, daß du ein begnadigtes Kind Gottes bist?* Da erbebet der betörte Geist. Ein „wohl" und ein „doch" weiß er zu stammeln, aber den Fels des *„unumstößlich gewiß"* darauf der Mensch in der größten Sache seines Daseins, wo kein „ich denke wohl", „ich glaube doch" genügt, seinen Fuß muß gründen können, hat er nicht. Oder sollte auch aus trotziger Verzagtheit des Herzens der Mund rufen: „Ja" — das ist nicht das „Ja", welches aus dem *Herzen* quillt. In dessen innerem Leben aber wirklich das Faktum der neuen Geburt stattgefunden, der ist es, aus dessen Herzens innersten Tiefen auch auf diese Fragen ein fröhliches „Ja" gegeben wird, denn: *Der Geist Gottes bezeuget unserm Geiste, daß wir Gottes Kinder sind,* zu welcher Stelle *Calvin* bemerkt (Calv. Comm. in Ep. Pauli, Genevae 1565): „Paulus meint, daß uns der Geist Gottes ein solches Zeugnis gebe, daß, unter seiner Leitung, unser Geist fest überzeugt sei von der Gewißheit seiner Annahme bei Gott. Denn unser Geist würde nun nicht von selbst, wenn nicht der Geist voranginge mit seinem Zeugnis, diesen Glau-

ben uns eingeben. So ist es denn unumstößlich, wer nicht sich selbst für ein Kind Gottes erkennt, kann auch nimmermehr dafür gehalten werden. Diese Erkenntnis wird von Johannes (1. Joh. 5, 19), um die Gewißheit anzuzeigen, ein *Wissen* genannt." Um sich als Kind Gottes zu erkennen, muß der *Geist Gottes treiben*, und was das heißt, wie wenig es also aus bloßem Wahne der Mensch meinen könne, bezeugt Chrysostomus: „Er sagt nicht bloß, welche im Geiste Gottes *leben*, sondern, welche vom Geiste Gottes *getrieben* werden, wodurch er anzeigt, der Geist Gottes solle so über unser Leben herrschen, wie der Steuermann über das Schiff, wie der, welcher die Zügel hält über die Rosse, und nicht bloß den Körper, sondern die Seele macht er von jenen Zügeln abhängig, auch diese soll sich nicht selbst regieren, vielmehr erteilt er auch über diese dem Geiste Gottes die Herrschaft." (Chrysost. Comm, in Ep. ad Rom, I. 8, 14.)
Selig und dreimal selig nun wir, mein *Guido!*, die wir erkannt und geglaubt haben, und wissen, daß das Zeugnis unseres Glaubens nicht von Menschen kommt, sondern aus einer höheren Region. Herabsehen wollen wir nun nicht auf die Armen um uns, die das noch nicht können, wir, die wir ledig sind, wollen helfen ihnen die Last den Berg hinantragen, wir wollen desto brünstiger sie lieben, einmal weil sie doch besonders unglücklich sind, dann aber auch, ob es vielleicht uns gelingen möchte, sie zur Frage zu veranlassen, von welchem Berge doch eine solche Liebesquelle ströme? Fragen sie nur erst, dann wollen wir ihnen wohl den Berg weisen und das Kreuz darauf, darunter diese Quelle quillt. — O *Guido!* Wenn ich jetzt manchmal bei N. bin, wie ich es neulich abends mußte, und ich an der Reihe der Tanzenden stehe, und das Getümmel an allen Seiten und den Putz sehe und die Orden, und die Spieltische, wie blickt da aus dem wüsten Gedränge mein Auge mit einer Dankesträne auf, daß ich was *Besseres* kenne denn dieses. Da faßt mich manchmal eine so unaussprechliche Liebeswallung zu all den armen betörten Wesen,

daß ich laut unter ihnen ausrufen möchte: Sucht was ihr sucht, denn es ist nicht da, wo ihr jetzt sucht! Denn was suchen sie alle? Bleibenden Genuß. Was finden sie? Fliehenden unter bleibenden Schmerzen. Ich finde eine so erhabenschauerliche Allegorie im Tanze. Jetzt naht man sich, jetzt trennt man sich, jetzt schließt sich Arm um Arm, jetzt kehrt sich jeder einzeln in seinem Kreise, jetzt unter unaufhaltsamem Rauschen der Musik fliegen Paar an Paar unter Schweiß und Staub den Saal auf und nieder, jetzt in gemessenem Schritte kehren sie langsam wieder. Und wenn dann unter dem zwecklosen mühsamen Kommen und Gehen, Kreisen und Stehen der Hahn kräht und der Morgen anbricht, ach! wie erinnert dann wiederum der vom Gedränge sich leerende Saal an das ausgespielte zwecklose Leben. Taumelnd und müde zieht jeder von dannen, die Lichter brennen dunkler und tiefer, Staub wallt durch den weiten Raum, hier und da verkündet eine abgerissene Schleife, ein verlorenes Ordensband, daß Bewohner da gewesen. — *Guido!* Wenn wir sterben, wollen wir ein anderes Denkzeichen zurücklassen, daß wir da gewesen, und während dem Gehen und Kommen, Kreisen und Stehen, soll ein *Unwandelbares* uns halten und nähren!

Schreibe mir bald. Im Gebet bin ich Dir verbunden.
Dein Julius

2. Auszug

PREDIGT ZUR SEPARATION

Einleitung

An zweiter Stelle steht eine Predigt Tholucks aus dem Jahre 1835. Sie ist auf eine besondere Situation bezogen, die auch heute wieder aktuell ist. Das preußische Königshaus verfolgte seit der 300-Jahr-Feier der Reformation 1817 das Ziel, eine Union zwischen Lutheranern und Reformierten herbeizuführen. Anläßlich des Jahrestages der Augsburgischen Konfession 1830 versuchte Friedrich Wilhelm III., ein einheitliches Bekenntnis durchzusetzen. Dagegen wehrten sich zahlreiche Lutheraner und trennten sich von der Landeskirche. Es kam in Schlesien zu heftigen Auseinandersetzungen. In Halle wurde der lutherische Professor Guericke, nachdem er aus der Kirche ausgetreten war, von seinem Lehrstuhl entfernt. In diese Situation hinein ist Tholucks Predigt gesprochen. Sie geht aus von einer klaren biblischen Aussage. Der Leser spürt deutlich, daß Tholuck nicht nur einen persönlichen Glauben predigt, sondern daß es ihm um die Kirche als Ganzes geht. Das ist seit den 30er Jahren ein Grundzug bei Tholuck geblieben: Er wollte die Erweckten in die Kirche und die Kirche zur Erweckung bringen. Bei ihm wird die Erneuerung der ganzen

Kirche, nicht die Erneuerung einzelner Menschen zum Inbegriff der Hoffnung. Tholuck hat ein Gespür dafür besessen, daß Erweckung und Separation seit jeher immer wieder zusammengehen und ist bestrebt, diese verhängnisvolle Paarung abzuwenden. Um jeden Preis will er verhindern, daß die Erweckten ihre Verantwortung für die ganze Kirche vorschnell aufkündigen und sich in Konventikel zurückziehen, wie es im Pietismus nur zu oft geschehen war.
Er tut das sehr fein, indem er nach der Mitte der Schrift fragt: diese kann nur Jesus Christus selbst sein. Und wo man Jesus Christus über alle Lehren stellt, ist die Separation nicht zu rechtfertigen. Und nun bringt Tholuck den wichtigsten dogmatischen Lehrpunkt ins Spiel: das Abendmahl und die Gegenwart Christi darin. Tholuck erklärt sie seiner Gemeinde vom lebendigen, auferstandenen Christus her. Dieser ist in seiner eigenen Vollmacht gegenwärtig, nicht ein von uns herbeizitierter Christus!
Die Predigt schließt mit dem Ausblick auf die Erneuerung der Kirche. Tholuck war beileibe kein Reformgegner, aber er wollte keinen Rückschritt zum Althergebrachten, sein Ziel war eine Öffnung nach vorn. Aus diesem Grunde widerstand Tholuck einem engen Konfessionalismus, und weder Hengstenberg noch die Separierten konnten seine Freunde sein.
Durch diesen Abdruck soll zugleich auf den Prediger Tholuck, einen der bedeutendsten des Jahrhunderts, aufmerksam gemacht werden.

Dr. Reinhard Schinzer

PREDIGT ZUR SEPARATION[1]

Auf zwiefache Weise, meine Freunde, entsteht dem Verkündiger des Wortes seine Predigt. Entweder wird ihm von außen her durch kirchliche Einrichtung der Text der Schrift dargereicht und er erweckt an demselbigen seine Gedanken und Gefühle, oder es sind die Umstände und Verhältnisse, die von außen herzutreten, und Gedanken, Gefühle, Stimmungen in ihm aufrufen, für welche er den Ausdruck in irgend einem Ausspruche der heiligen Schrift sucht, an den sie sich anlehnen, auf welchen sie sich begründen können. Wo irgend nun ein gemeinsames Ereignis die Gemeinde wie den Verkündiger des Wortes bewegt, da wird auch diese letztere Art die natürlichere und angemessenere sein. Nun ist euer Auge mehr oder weniger, gleich wie das meinige, in diesen Tagen hingerichtet worden auf eine kirchliche Erscheinung, welche keinem evangelischen Christen gleichgültig sein kann; ich meine jene Bewegungen, welche seit einiger Zeit im Innern der evangelischen Kirche und zwar insbesondere der schlesischen Kirche Kampf und Streit erregt haben, also daß selbst die bewaffnete Macht mit ihrer Hand eingegriffen hat. Vielen von euch wird es bekannt sein, daß eine Anzahl von mehreren Tausenden eurer evangelischen Mitchristen sich geweigert hat, jenem Verbande der lange Zeit getrennten zwei evangelischen Kirchen beizutreten, welche seit mehreren Jahren nicht bloß der fromme Wunsch unsers Monarchen herbeigeführt, sondern zugleich der Wunsch von Hunderttausenden, und zwar auch außerhalb jenes Gebietes Deutschlands, welches wir im engern Sinn unser Vaterland nennen. Wenn unser Heiland den Schriftgelehrten vorwirft: „Des Abends sprechet ihr: Es wird

---

[1] Diese Predigt wurde im Jahre 1835 gehalten, nachdem sich auch hier in Halle eine Gemeinde separierter Lutheraner gebildet hatte und durch die damalige Amtsentsetzung von *D. Guerike* die allgemeine Aufmerksamkeit auf diesen Gegenstand hingerichtet worden war. Aus: GW Bd. III = Predigten, S. 304—316.

ein schöner Tag werden, denn der Himmel ist rot, und des Morgens sprechet ihr: Es wird heute Ungewitter sein, denn der Himmel ist rot und trübe. Ihr Heuchler, des Himmels Gestalt könnet ihr beurteilen, könnet ihr denn nicht auch die Zeichen dieser Zeit beurteilen?" so scheint es ja wohl eine unerläßliche Christenpflicht, auf die *Zeichen der Zeiten* zu merken; wenn der Apostel alle Gläubigen Glieder eines gemeinschaftlichen Leibes nennt, wie kann ein Glied gleichgültig bleiben, wenn das andere sich freut oder leidet? So ist es denn unsere Pflicht, als evangelische Christen auch vor diesem Ereignisse nicht teilnahmslos stehen zu bleiben. Die Art aber, in welcher wir daran teilnehmen, muß sich anlehnen an die heilige Schrift selbst und nach deren Anweisungen geregelt sein. So lasset uns denn unsere gemeinschaftliche Andacht an dem heutigen Tage an ein Wort des Herrn anknüpfen, welches Lukas 12, 49. 50 geschrieben steht: *„Ich bin gekommen, daß ich ein Feuer anzünde auf Erden; was wollte ich lieber, denn es brennete schon? Aber ich muß mich zuvor taufen lassen mit einer Taufe; und wie ist mir so bange, bis sie vollendet werde?"*
Ich wählte diesen Ausspruch, weil manchem von uns gerade dieses Wort in diesen Tagen vor die Seele getreten sein wird, als eines welches jetzt in Erfüllung gehe, und darum müssen wir folgende zwei Fragen uns vorlegen: 1. Was ist das für ein Feuer, welches Christus angezündet zu sehen verlangt? 2. Gehört das Feuer, welches gegenwärtig in der evangelischen Kirche entbrannt ist, zu dem Feuer, welches Christus angezündet zu sehen verlangt?
Also welcher Art das Feuer sei, das Christus angezündet zu sehen verlangt, fragen wir zuerst, und beantworten diese Frage, indem wir zuerst die *Beschaffenheit*, danach den *Ursprung* dieses Feuers erwägen. — Der Jesus, dessen Geschäft es sonst ist, Sturm und Wellen Frieden zu gebieten, der Jesus, in dessen Person der Herr der Welt unter seine Menschenkinder eingetreten ist — nicht im Feuer, nicht im Erdbeben, nicht

im Sturm, sondern im sanften Säuseln, der zündet ein *Feuer* an? Wir erschrecken bei dem Namen Feuer, denn wir kennen die zerstörende Kraft dieses Elements. Doch Freunde, auch die milde Sonne, welche der kalten dunklen Erde das Leben gibt, ist ein Feuer, und wenn er, den das prophetische Wort „die Sonne der Gerechtigkeit" nennt, ein Feuer anzündet, so dürfen wir nicht zweifeln: es wird zunächst ein lebengebendes Feuer sein. Aber freilich, lebengebende und zerstörende Kraft ist in diesem Elemente immer zusammen. Gleichermaßen auch in dem Feuer, das der Gottessohn anzündet. Wie von Gott selbst geschrieben steht: „unser Gott ist ein verzehrendes Feuer seinen Widersachern", also ist auch der Sohn Gottes ein *belebendes* Feuer für *das, was sich ihm hingibt, verzehrendes* Feuer für *das, was ihm widersteht*. Lasset sie uns näher betrachten, diese zwiefache Kraft des Feuers Christi, die lebengebende und die verzehrende.

Ein *lebengebendes* Feuer geht von ihm zunächst aus auf die *Herzen*. „Brannte nicht unser Herz, als er mit uns redete?" rufen die zwei Jünger auf dem Wege nach Emmaus. Ein brennendes Herz, ich meine ein brennendes Gefühl für göttliche Dinge, ist das erste, was der Herr den Seinigen gibt. Wer von euch sähe es nicht mit Jammer, wie da, wo Christi Geist nicht waltet, auch die Herzen tot sind für göttliche Dinge! Wie vieler Herzen entbrennet, so oft ein schöner Frühlingstag im Himmel herauszieht, und bleibt tot beim Gedanken an den Aufgang aus der Höhe, welcher die Sündennacht verscheucht hat! Da können sie des Jammers und des Klagens kein Ende finden; es brennet ihr Herz hell, wo irgend ein herbes Geschick dem Familienglücke eine Wunde geschlagen hat, und tot und kalt bleibt es bei den Wunden, die der Welt Sünde dem unschuldigen Lamme Gottes geschlagen! Warum schweiget — sagt mir — euer Mund in euren geselligen Kreisen von der Sünde, von der Gnade, von Ewigkeit und Gericht, von Gott und dem Erlöser? Warum anders, als weil für alle andern Dinge euer Herz brennt, nur nicht für diese göttlichen?

„Wes das Herz voll ist", sagt die Schrift, „des geht der Mund über." Das alles wird nun anders, sobald in der neuen Geburt Christus mit seinem belebenden Feuer die Herzen entzündet. Da wird jedes Ding in der Welt und jede Geschichte ein Sonnenstrahl, an dem das Gemüt hinaufsteigt zur ewigen Sonne. — Wie herrlich jedoch das auch ist, wenn der Mensch ein allezeit für göttliche Dinge lebendiges Gefühl in sich trägt so ist dieses doch noch nicht das *Höchste*. Mit Wasser zu taufen, kam Johannes der Täufer, „mit *Feuer* und *Geist* zu taufen", ist Christus gekommen. *Taufen* nach altem christlichen Gebrauch — das heißet ja, wie ihr wisset, den ganzen Menschen *untertauchen*, also daß die Wellen über dem Haupte zusammenschlagen. So will denn auch Christus nicht einen einzelnen Teil des Menschen neu beleben mit einem Feuer, die heiligen Flammenwellen sollen über dem Haupte zusammenschlagen. So ist denn die nächste Folge der Geistestaufe, daß, wenn einmal das Herz entzündet worden, auch das ganze Denken des Menschen von diesem Feuer ergriffen wird, denn das Feuer Christi, wo es recht brennt, ist mit dem *Lichte der Erkenntnis* stets vereinigt. Der rechte Christ *glaubt* nicht bloß, er *weiß* auch, *warum er glaubt*. Vor jenem Bibelbuche, das ihm einst altmodisch und schal dünkte, bleibt er jetzt stehen mit den Worten des Psalmisten: „Herr, wie sind deine Werke so groß, deine Gedanken so sehr tief!" Das ist eben das Unterscheidende des echten Feuers Christi von dem Feuer der Schwärmerei, daß es mit dem *Licht der Besonnenheit* verknüpft ist, welches in Glauben und Leben eine heilige Ordnung bringt. Ist nun also Haupt und Herz des Menschen entbrannt, dann geht auch das Feuer in alle Glieder über und sie werden, wie die Schrift so schön sagt, „Waffen des Lichts, Waffen der Gerechtigkeit". Jedes Glied des Leibes und des Geistes wird in einem solchen Christen eine Waffe, die heilige Kriege führt, aber auch niemals im Finstern kämpft, d. h. ohne zu wissen, warum, gegen wen, auf welchem Boden? sondern im Lichte mit deutlichem Bewußtsein des Grundes, des Gegenstandes und der Art ihres Kampfes.

Ist nun dies die Wirkung der belebenden Kraft des göttlichen Feuers, daß sie, durch alle Glieder hindurchgehend, dieselben allzumal zu Waffen des Lichtes macht, so ist denn auch schon hiermit ausgesprochen, daß jenes Feuer zugleich ein *verzehrendes* sei. Es ist ein Feuer, welches den Kampf führt gegen die *Finsternis* und den *Tod*. In einem etwas rätselhaften, tiefsinnigen Ausspruche sagt dieses der Erlöser, wenn er spricht: Es muß alles mit Feuer gesalzen werden, und alles Opfer wird mit Salz gesalzen." Nach der bedeutungsvollen Einrichtung des Alten Bundes ward das Sündopfer mit Salz bestreut — Salz, wie ihr wisset, ebenso wie das Feuer eine belebende Kraft für das Gesunde, aber verzehrend für die Fäulnis und den Tod. Gleich wie nun jene Opfer nur wahre Opfer waren, indem sie eine Kraft in sich trugen, welche Fäulnis und Tod verzehrt, also sind auch Christen nur wahre Opfer für Gott, sind ihm nur wohlgefällig, insofern sie ein Salz in sich tragen, das des Todes Tod ist. Ach, lieber Gott, wie viele Christen gibt es dann unter uns, wenn nur der nach Christi Wort ein Christ ist, der ein Salz in sich trägt, ein brennendes Salz, das des Todes Tod ist! Wenn nämlich der Herr hier sagt, das alles mit Feuer gesalzen werden müsse, so meint er unter diesem Feuer eben auch nur ein brennendes Salz. Nicht wahr, ein solches brennendes Salz in eurem Herzen habt ihr euch schon manchmal gewünscht! Besehet euch im Lichte des Geistes, ob ihr euch nicht oftmals doch gar so salzlos vorkommt! Wenn nur die eine Sünde der *Eitelkeit* in einem Menschen soll ausgebrannt werden, wie viel brennendes Salz ist dazu nötig! — Der rechte Christ wacht aber wohl darüber, daß solches Salz niemals in ihm fehle und tut es ihm auch oftmals überaus wehe — er läßt sich brennen, geduldig brennen, bis daß er ein Gott wohlgefälliges Opfer geworden ist. Und in dem Maße als dieses salzende Feuer in das Innerste des Christen hineinbrennt, in demselbigen Maße brennt es auch hinaus in die weite Welt, d. h. ein Christ, der in seinem eigenen Innern alle Unklarheit verabscheut, der kämpft auch dagegen, wo sie irgend in der Welt entgegentritt, und Christi Feuer sucht auch da, was Fäulnis und Tod ist, zu verbrennen. Was wäre auch aus der Welt geworden, wenn nicht immer wieder treue Christen aufgestanden wären, um mit diesem salzenden Feuer die Welt zu reinigen? Ein uralter Kirchenvater sagt: „Nehmet das Salz der Christen aus der Welt hinweg, und sie geht in Fäulnis über!" — Wenn es sich nun so verhält, wie wird sich die Welt dann freuen, meinet ihr, wenn die Feuerkraft Christi in seinen Zeugen und Gläubigen ihr entgegenkommt, um was faul und tot ist, auszubrennen? O mitnichten, mitnichten, meine Brüder. Feuer! rufen sie laut, Feuer! und erschrocken stellt sich alles herum, um Wasser zuzugießen. O die Verblendeten! und sehen nicht, daß sie selber im hellen Brande stehen, denn auch die *Sünde* ist ein Feuer, in der untersten Hölle entbrannt.

So viel, christliche Freunde, über die *Beschaffenheit* des Feuers, was Christus angezündet zu sehen verlangt, lasset uns noch den *Ursprung* desselben betrachten. Daß der Herr sich freute, wenn er an die lebengebende Kraft des Feuers, das er auf der Erde anzünden würde, dachte, ist ja wohl begreiflich und auch jene verzehrende Kraft, da sie eben nichts anders verzehrt, als die Finsternis und den Tod, konnte keine andern als freudige Gefühle in der göttlichen Brust erwecken. Wenn sein erbarmendes Auge über die Grenze seiner Zeit und seines Volkes hinausschaute auf die Millionen flammender Herzen, die ihm einst in großem Chore zujauchzen würden:

Ja du, mein Heiland und Befreier,
du Menschensohn voll Lieb und Macht,
du hast ein allbelebend Feuer
in meinem Herzen angefacht! —

Wie sollte das erbarmungsvolle göttliche Herz nicht frohlokkend schlagen! Doch eine finstere Wolke steigt an dem heitern Himmel auf: „Aber", heißt es — o welch ein Aber! — „aber ich muß zuvor mit einer Taufe getauft werden und wie ist mir so bange, bis daß sie vollendet werde." Was ist das für ein *Muß*, Freunde, was ist das für ein trauriges *Muß*, welches nicht bloß hier, sondern auch in andern Stellen der heiligen Schrift, wo von seinem Leiden die Rede ist (Joh. 3, 14; Luk. 24, 26; Matth. 17, 12) uns entgegentönt! Und so wäre es denn nicht möglich gewesen, daß jene Flammen des Lebensfeuers zum Himmel schlügen, bevor nicht Gethsemanes Boden seinen Schweiß, und Golgathas Erde sein Blut trank? Es war nicht möglich. Denn — das Feuer, das er anzünden wollte, war ein *Liebesfeuer*. Lasset mich dies euch näher auseinandersetzen. Auch Moses zündet ein Feuer in den Herzen der Menschen an, aber *sein* Feuer ist ein *Zornes*feuer. „Das Gesetz", schreibt der Apostel, „richtet *Zorn* an." Kennt ihr sie, jene Augenblicke, wo vor den schlafenden Sünder das Gesetz des Allmächtigen tritt, und zu ihm spricht: Mensch, warum schläfst du, siehe die Zorneswolke ist am Himmel aufgezogen, auf! rette eilends deine Seele! Da rafftet ihr euch auf, da schütteltet ihr den Schlaf von den Augen, da wolltet ihr es besser machen, da wolltet ihr ein neues Leben anfangen. Doch wer gibt mir die Kraft für den Augenblick, wer gibt mir die Gewißheit des Gelingens für die Zukunft, und wenn ich beides hätte, wer decket zu, was hinter mir liegt? Es ist eine unleugbare Wahrheit, meine Brüder, kein Mensch kann sich gedeihlich bessern, so lange er nicht weiß, daß zugedeckt ist, was hinter ihm liegt. Machet die Probe, versuchet es, ich sage euch, es wird euch nicht gelingen. *Nur ein freies und fröhliches Gewissen wirkt rechte Besserung.* Nun gibt es ja freilich eine Verkündigung göttlicher Gnade für den reuigen und bußfertigen Sünder, aber auch diese kann, wo das Schuldgefühl in seiner Tiefe lebendig geworden ist, nicht haften, wo nicht das Bewußtsein ist, daß der Gerechtigkeit Gottes genug getan sei. Was ist es, warum der vom Schuldgefühl zerrissene Verbrecher auch dann nicht ruhig wird, wenn das Wort der Begnadigung vor seinen Ohren ertönt, was ist es, was ihn antreibt — wie dies ja manchmal geschehen ist —,

selbst die Strafe auf sich herabzuflehen zur Beschwichtigung des aufgeregten Gewissens? Es ist das von Gott selbst in dich gepflanzte Bewußtsein, daß Sünde *Strafe* fordert, daß der Schlag, mit dem du das Gesetz Gottes ins Angesicht geschlagen, auf dich wieder zurückfallen muß. Darum, Geliebte, war es in göttlicher Ordnung notwendig, daß der, welcher, vermöge seiner *Würde* wie vermöge seiner *Liebe* und *Heiligkeit*, allein vermögend war unendlich zu leiden, dieses Leiden für die sündige Welt über sich nahm. Und wer nun durch den Glauben ist in Gemeinschaft mit ihm getreten, und — wie die Schrift es nennt — ein Glied an seinem Leibe geworden, der darf auch jenes Leiden ansehen als ein für *seine* Sünde getragenes, denn in jener lebendigen Gemeinschaft ist, was das Haupt tut und leidet, auch das Eigentum der Glieder. — Sehet da den Grund jenes herben *Muß*; sehet da, warum er mit der Schmerzenstaufe getauft werden mußte, der Gottessohn, bevor das belebende Feuer mit seinen Flammen gen Himmel leuchten konnte. Nun erst ist es ein Liebesfeuer geworden. Das Feuer, das im sündigen Herzen brennt, ist nicht mehr der Ausspruch des Gesetzes: „Verflucht sei, wer nicht bleibet in Allem, was geboten ist", nein, eine ganz andere Rede ist es, die im Herzen brennt. Es ist die Frage: *Das tat ich für dich, was tust du für mich?* Die Flammen dieser Frage sind es, die nicht bloß die *Tat* der Sünde verzehren, sondern auch ihre *Lust*; die Flammen dieser Frage sind es, die alle Glieder lebendig machen zum Dienste des Lichtes und der Gerechtigkeit. Das ist der Ursprung des Feuers, welches der Herr angezündet zu sehen verlangt hat.
Auch jetzt nun brennt ein religiöses Feuer in der evangelischen Kirche. Gar mancher ist schon darum, weil es ein *religiöses Feuer* ist, geneigt es für ein Feuer *Christi* zu halten, darum tut es Not, uns zu fragen, *ist denn das auch ein Teil jenes Feuers, das Christus angezündet zu sehen verlangte?* Aber lasset uns hier vor einem gefährlichen Mißverständnisse uns hüten, als ob nämlich alles Feuer, welches unter den

Christen entbrennt, darum auch ein Feuer sei, welches *Christus* angezündet hat. O wie viele Feuer der Irrlehre, wie viele Feuer des Verfolgungsgeistes haben schon unter den Christen gebrannt, die nicht *Christus* angezündet hatte, sondern die *Hölle!* Auch von *dem* Feuer, welches jetzt in der evangelischen Kirche entbrannt ist, müssen wir in mehrfacher Hinsicht sagen, daß nicht *Christus* es angezündet hat, sondern *die Leidenschaft*. Allerdings hat es auch jene zwiefache Kraft des Feuers Christi, die belebende und die zerstörende, belebend ist es für die Gemeinschaft und die Lehre der lutherischen Kirche, zerstörend für das brüderliche Band mit der reformierten Christenheit und deren Lehre; allerdings entbrennen auch die Herzen für christliche Wahrheit, aber es ist ein Feuer *ohne das rechte Licht*, ohne das rechte Licht der Besonnenheit, welches, wie wir sagten, mit der Geistes- und Feuertaufe Christi notwendig verbunden ist, und darum wirkt weder jene belebende, noch jene verzehrende Kraft auf die rechte Weise. Dieses laßt mich euch näher auseinandersetzen.

Erstens: Es ist allerdings ein Feuer, welches für eine heilige Wahrheit entbrannt ist, für die Lehre vom Sakramente des Altars, es fehlt aber diesem Feuer des Herzens an *Licht*, denn es macht diejenige Wahrheit zum Kern und Stern des ganzen Evangeliums, die es *nicht* ist. Was Kern und Stern sei des ganzen christlichen Glaubens, das, meine Brüder, werden wir auch erwarten auf allen Seiten der heiligen Schrift wieder zu finden, aus dem Munde aller Männer Gottes wird es uns entgegentönen. Was anders aber ist diese große Wahrheit, als Buße und Vergebung der Sünden in Christo — die Lehre von eben der großen Todestaufe, von welcher unser Text redet, und das Sakrament des Altars selbst, ist es etwas anders als ein ewig fortgehendes, tatsächliches Zeugnis eben dafür, wenn wir hören, daß der Apostel uns zuruft: „So oft ihr von diesem Brote esset und von diesem Kelche trinket, *sollt ihr des Herrn Tod verkündigen, bis daß er kommt.*" Warum anders haben unsere Reformatoren von der römischen Kirche sich losgesagt, als weil diese große Wahrheit „der Gerechtigkeit, die da kommt aus dem Glauben an das Lamm Gottes" nicht rein und unverkürzt gepredigt werden durfte? Hat nicht Luther den Papst samt den Bischöfen wollen stehen lassen, wofern sie nur der Lehre von der freien Gnade ihren Lauf lassen wollten? Nun werdet ihr freilich unter unsern lutherischen Brüdern auch solche finden, die es nicht in Abrede stellen wollen, daß Buße und der Glaube an den Gekreuzigten Kern und Stern sei. Aber wie — von denen, welche zu diesem Stern und Kern des Christentums sich bekennen gleich wie ihr, wollt ihr die Bruderhand zurückziehen? Wie — jenen euren reformierten Mitbrüdern, welche für jene teure Wahrheit in allen Landen ihr Blut vergossen haben, mögt ihr die Bruderhand weigern, wollt darum sie ihnen weigern, weil sie in dem einen Punkte nicht mit euch gehen? So erklärt ihr ja doch wieder durch die Tat, was ihr durchs Wort bestritten habt, daß der reine biblische Glaube an Buße und Vergebung der Sünde in Christo der Mittelpunkt *nicht* sei. Nehmet aber, meine Brüder, aus einem wohlgeordneten Ganzen ein Stück heraus, das der Mittelpunkt ist, und setzet etwas anderes an die Stelle — nehmet aus dem Mittelpunkte des Planetensystems die Sonne heraus, und setzet einen andern Stern an die Stelle, ihr begreift es, wie alles allzumal verkehrt werden muß. Und so kann denn auch das innere christliche Leben kein recht gesundes sein, welches mit seiner ganzen Macht und Kraft vom Stern und Kern des Evangeliums ab zu etwas anderem hingezogen wird.

Zweitens: Wohl lodert das Feuer in ihrem Herzen für die Lehre vom heiligen Mahle des Herrn, aber auch dieses Feuer ist ohne das rechte Licht, da es in dieser Lehre selbst zum Kern und Stern macht, was es nicht sein kann. Brüder! Was christliche Kirchen trennt und einigt, das müssen Wahrheiten sein, mit so großen deutlichen Buchstaben geschrieben, daß alt und jung, Männer und Frauen, Gelehrte und Ungelehrte sie lesen und fassen können. Eine solche große aller Welt verständliche Wahrheit haben nun auch wir herauszunehmen aus dem, was die heilige Schrift über das Sakrament des Altars sagt, das ist aber die, daß dem, welcher hinzutritt im Glauben, Leib und Blut Christi hier dargereicht werde zur Vergebung der Sünden. Wie der Herr sagt: „Das ist mein Blut des Neuen Testaments, welches vergossen wird für viele, zur Vergebung der Sünden", und wie sein Apostel spricht: „Dieser Kelch ist das Neue Testament in meinem Blut, solches tut, so oft ihr es tut, zu meinem Gedächtnis, denn so oft ihr von diesem Brote esset und von diesem Kelche trinket, sollt ihr des Herrn Tod verkündigen, bis daß er kommt!" Daß dies ein Mahl sei, *worin der Anteil an dem erlösenden Tode des Herrn und ein Unterpfand dafür, daß auch wir an dieser Erlösung Anteil haben, dargeboten wird*, zum Troste für die Traurigen, zum freudigen Bekenntnisse für die Freudigen, zur Nährung und Stärkung des Glaubens, das ist der Kern und Stern in jener Wahrheit, den alle verstehen können, Gelehrte und Ungelehrte, Weiber und Kinder. Statt dessen machen unsere Brüder zum Stern und Kern — nicht die Gegenwart des Herrn überhaupt bei dem Genusse, sondern die *zwei* Stücke, erstens daß sein Leib selbst im Raume gegenwärtig sei, zum andern, daß nicht bloß der Mund des Geistes, sondern auch der leibliche Mund diesen Leib empfange, und gehen wohl so weit zu sagen, daß der Herr überhaupt gar nicht gegenwärtig sei und seinen Segen entziehe, wo irgend nicht in diesem Glauben das heilige Mahl genossen werde. Ich aber sage: meine Freunde, gibt es einen Frieden im christlichen Leben, der nach des Apostels Ausspruch „höher ist denn alle Vernunft" (Phil. 4, 1), o so werden wir ja wohl auch glauben müssen, daß es Geheimnisse des Genusses Christi gebe, die höher sind, denn alle Vernunft, wo wir gestehen müssen, daß die Entscheidung darüber, wer den richtigen Ausdruck dafür getroffen habe, schwer sei, also, daß, wenn wir auch unseres eigenen Glaubens gewiß sind, wir uns doch hüten müssen, den Bruder zu verurteilen, den wir in diesem Genusse selbst stehen sehen und dadurch wachsen und gefördert werden am inneren Menschen.

Drittens: Es ist ein Feuer, das des rechten Lichtes entbehret, denn nur etliche wiederum sind unter unsern Brüdern, welche deutlich wissen, was sie sagen und setzen. Ihnen nach aber zieht ein großer Schwarm, den nichts anderes treibt als die Anhänglichkeit an das, was hergebracht ist. Wohl ist sie etwas Schönes, die Ehrfurcht vor dem, was die Väter vor alters überlieferten, aber auch diese Ehrfurcht darf nicht zur Knechtschaft unter Menschensatzung werden. Ein teurer Lehrer von Gottes Wort soll uns Luther sein und bleiben, aber unser Papst soll er nicht werden. Hat er, der in seiner Zeit nur einem Zwingli gegenüberstand und noch nicht einem Calvin, im Eifer für das reine Sakrament zu viel getan, so können wir ihn entschuldigen, aber nachahmen sollen wir ihn nicht. — Bei etlichen nun hat wohl auch jene Bitterkeit noch einen andern übleren Grund. Wie die Eitelkeit alles, auch das Heiligste, in ihren Kreis ziehen kann, so gibt es auch eine Eitelkeit auf heiligem Gebiete. Es tut dem eitlen Herzen wohl, Partei zu machen, in kleineren Haufen da zu stehen als Märtyrer des Glaubens. Auch an dieser Versündigung mag es nicht ganz fehlen, obgleich wir überzeugt sind, daß nur bei wenigen sie stattfindet. Viel mehrere gibt es dagegen, die aus lauterer Redlichkeit jedesmal darüber bange werden, ob sie auch auf der rechten Straße seien, sobald sie eine noch schmalere erblicken, auf welcher treue Christen unter größerer Verfolgung wandeln. Um solche redliche Seelen ist mir besonders bange, und ich kenne ihrer manche! Euch kann ich nur darauf hinweisen, daß unser Herr zu seinen Jüngern gesagt hat: „Selig seid ihr, wenn euch die Menschen *um meinetwillen* schmähen und verfolgen und reden allerlei Übels wider euch, *so sie daran lügen.*" Aus diesen Worten erkennet ihr, geliebte Brüder, daß Jünger Christi auch aus *andern* Gründen, als um *seinetwillen*, können verfolgt werden, daß sie verfolgt werden können um ihrer eignen Sünde, ihrer eigenen Verblendung willen. So gehet denn die große Lehre hieraus hervor: die Dornenkrone allein macht dich noch nicht deinem Meister ähnlich! — nicht jedwede Schmach, die den Christen trifft, trifft ihn wirklich um *seines Heilandes willen*. So ist denn also auch nicht die schmalste und dornenvollste Straße unbedingt diejenige, worauf man am sichersten geht. Oder müßtet ihr euch nicht, wenn es anders wäre, jene Mönche und Einsiedler zu eurem Vorbilde wählen, welche in schwerer Selbstpeinigung ein jammervolles Leben verlebten? Und doch hat Paulus gerade von solcher Selbstpeinigung geschrieben: „Die leibliche Übung ist wenig nütze".

Wenngleich wir nun in allen diesen Hinsichten nicht sagen können, daß jenes Feuer, von dem wir sprechen, von Christo angezündet sei, wenngleich wir vielmehr sagen müssen, daß der Herr in mancher Hinsicht mit Tränen darauf blicken würde, so bekennen wir dennoch auch mit Freude: es mischen sich *heilige, von Christo angezündete Flammen* in jenes blinde Feuer — und auch diese lasset uns kennen lernen.

Erstens: Es ist eine heilige Flamme bei unsern Brüdern, daß sie nach *Festigkeit und Unerschütterlichkeit im Glauben* streben, *nach dem Vorbilde der Väter.* Freunde, in welcher jämmerlichen Zeit leben wir, wo selbst Geistliche auf Kanzel und am Altar nur von *Ansichten* wissen und nicht von *Überzeugungen!* Wohl gibt es *Ansichten* beim Christen auch in heiligen Dingen, da wo das Wort Gottes nicht hell und unwidersprechlich geredet hat, aber ein Glaubensleben, das ausschließlich oder vorzugsweise auf Ansichten begründet wäre, das wäre jenes Haus auf Sand gebaut, welches, wenn das Ungewitter daherstürmt, fällt mit großem Falle. Waren es *Ansichten,* für welche Luther sprach, als er auf dem Reichstage sagte: „Hier stehe ich, Gott helfe mir, ich kann nicht anders!"?

Waren es *Ansichten*, für welche begeistert unsere Väter mit Luther sangen:
Nehmen sie uns den Leib,
Gut, Ehr, Kind und Weib:
Laß fahren dahin,
sie hab'n es kein'n Gewinn,
das Reich muß uns doch bleiben!

Für *Ansichten* läßt man kein *Blut*. — Beklagenswert ist es freilich, daß unsre Brüder, von denen wir reden, manches von dem, was stets wird *Ansicht* bleiben müssen, worüber auch unter christlichen Brüder verschieden zu denken freisteht, zur Sache der Überzeugung machen, aber, o daß sie in dem Ernste, mit dem sie nach *Überzeugung*, danach daß das Herz fest werde, trachten, eure Vorbilder würden! O daß die Zeit wiederkäme, wo Gelehrter und Ungelehrter, Geistlicher und Laie rufen konnte: „ich *glaube*, darum rede ich!" und eben in solchem Glauben Gut und Leben dahinzugeben imstande war. Es hat uns lange an Märtyrern des Glaubens gefehlt!

Zweitens: Eine heilige Flamme ist es, mit welcher unsere Brüder für die *Bedeutung des Sakraments* entbrannt sind. Allerdings hat es unser Herr zu seinem Gedächtnis eingesetzt, aber wie viele gibt es, die nun kein anderes Gedächtnis darin feiern, als das eines großen, guten Lehrers, der für seine Lehre das Leben gelassen hat, und wissen von der Schmerzenstaufe nichts, durch welche er uns die Seligkeit erworben, daran er uns im Sakramente den Anteil darbietet. Wie viele wissen bloß von einer Gegenwart des Herrn in der Einbildung und Erinnerung, durch welche sich der Genießende achtzehn Jahrhunderte zurück nach Galiläa versetzt, und wissen nichts von der Gegenwart des verklärten Gottessohnes, welcher fort und fort durch alle Jahrhunderte als der gegenwärtige mit den Seelen, welche das äußere Gedächtnismahl begehen, das innere Abendmahl feiert (Offb. 3, 20). Sie treten zum Tische des Herrn hin, nur um zu *bringen*, darzubringen das Gedächtnis des Herzens und das Bekenntnis des Mundes, und wissen nicht, daß es eingesetzt ist, damit sie *nehmen*, als ein himmlisches Manna (Offb. 2, 17), welches die gnadenhungrige Seele satt machen soll. Eine heilige Flamme ist es, wodurch diese Wahrheit wieder in das Gedächtnis und Herz von Tausenden zurückgeführt wird. Trachtet auch ihr danach, ihr zukünftigen Diener des Worts, mit heißerem Glauben und heißerer Liebe diese Wahrheit zu ergreifen und an euch selbst Frucht tragen zu lassen.

Endlich: Eine heilige Flamme ist es, welche unsere Brüder entzündet hat mit der Sehnsucht nach *Einheit der Kirche*. Wer schaut es an, jenes selige Bild der ersten Christengemeinde, wie es uns Lukas im 2. Kapitel der Apostelgeschichte Verse 41—47 darstellt und vergleicht es mit dem, was jetzt als christliche Kirche vor unsern Augen steht, ohne tiefes Weh? Statt Einheit des Glaubens, Zerfahrenheit der Ansichten, statt Brüderlichkeit der Liebe, Gleichgültigkeit für das kirchliche Band, statt ernster kirchlicher Zucht, eine Freiheit, welche nach dem Worte des Apostels „Deckmantel der Bosheit" ist (1. Petr. 2, 16), und also ist es mehr oder weniger in allen Abteilungen der christlichen Kirche! O daß sie wiederkämen die schönen Zeiten der ersten Kirche! Daß nun unsere Brüder sich *dieses* Bild mit Ernst vorhalten, darin mögen sie wohl uns zum Vorbilde dienen. Ihr Jünglinge, die ihr einst in der evangelischen Kirche als Priester arbeiten werdet, auf eure Schultern ist die große Aufgabe gelegt — zu bauen an ihr, daß sie wieder hinankomme zum ersten Glauben, zur ersten Liebe, zur ersten Strenge der Zucht! Nicht eine tote Einförmigkeit ist es, die wir hiermit anstreben. In der Mannigfaltigkeit der Zungen hat des Herrn Geist sich ausgesprochen von Anfang an, anders zeuget eines Paulus Zunge, anders eines Johannes, anders eines Jakobus und haben doch allzumal des heiligen Geistes Band ineinander anerkannt und miteinander in demselbigen

gewirkt. So seien es auch jene großen unmißverstehlichen Wahrheiten, welche selbst die Feinde und Gegner der Schrift als die Grundsteine derselben anerkennen müssen, um die wir zunächst die Glieder der Kirche in der Einheit des Glaubens versammeln wollen und bauen, und wer in diesen mit uns eins ist, der soll mit brüderlicher Liebe umschlungen sein, und eine strenge und heilige Zucht soll die toten und faulen Glieder unterscheiden von den lebendigen.
Dürfen wir nun also sagen, daß auch in diesen Bewegungen der Kirche *heilige* Flammen sichtbar werden, so werden wir denn auch auf dieselbigen nicht bloß mit Betrübnis hinblicken dürfen, wir werden uns des Unterpfandes freuen, welches auch sie dafür geben, daß der Herr ein Neues schaffen will in seinen Gemeinden, daß eine Zeit wiederkommen soll, wo die Steine des kirchlichen Gebäudes lebendig werden. O ihr vom jüngeren Geschlechte, wie glücklich seid ihr — vor nicht viel länger als zwanzig Jahren hat der sehnsuchtsvolle *Novalis* gesungen:
Oft mußt' ich bitter weinen,
daß du gestorben bist,
und mancher von den Deinen
dich lebenslang vergißt!
Von Liebe nur durchdrungen
hast du so viel getan,
und doch bist du verklungen
und keiner denkt daran!
„*Und keiner denkt daran!*" Wie das so traurig, wie das so schrecklich klingt! Wer, wer ist unter euch, der ohne Schaudern es denken möchte, daß eine Zeit kommen könnte, wo Jesus Christus *vergessen* würde auf der ganzen Erde! Eine solche Zeit kann nun freilich nicht kommen, ist auch nicht dagewesen, seit auf Golgatha die drei Kreuze aufgerichtet worden sind. Auch als der Dichter diese traurigen Worte sang, hat der Herr in manchen deutschen Herzen seine heilige Flamme erhalten, aber freilich es waren „die Stillen im Lande" und

ihrer wenige. Wer hätte damals je daran gedacht, daß eine Zeit unter uns wiederkommen sollte, wo Glaube, Kirche und Sakrament wieder die Christenheit in größerer Masse bewegen würde! — Ihr vom jüngeren Geschlechte, wie glücklich seid ihr, denn also möget ihr vielmehr jetzt singen unter den religiösen Bewegungen dieser Zeit, wie einst Luther sang in der ersten Zeit der Reformation, als hier und da der junge Glaube Wurzel schlug; und als man zween junge Glaubenszeugen zu Brüssel auf dem Scheiterhaufen verbrannt hatte, da stimmte er kein klägliches Lied an, sondern ein gar fröhliches, das schloß mit den Worten:
Der Sommer ist hart vor der Tür,
der Winter ist vergangen,
die zarten Blümlein gehn herfür,
der das hat angefangen,
der wird's vollenden. Amen.
Amen! das heißt, also geschehe es. Ja, also geschehe es! Und du akademische Jugend, schreibe ihn tief in dein Herz, den hohen Beruf, mit dem du berufen bist, diesen schönen Sommer des Reichs Gottes herbeizuführen. Amen.

3. Auszug

GLAUBE UND SCHRIFT

Einleitung

Der dritte Text stammt aus den „Gesprächen über die vornehmsten Glaubensfragen der Zeit" von 1846 und umfaßt das ganze dritte Gespräch. Die wiederum nur als literarische Form gewählten Gespräche finden zwischen Emil, der den christlichen Standpunkt Tholucks vertritt, und Karl, dem Vertreter des Rationalismus und der Gruppe der „Lichtfreunde" (siehe oben!) statt. Im vierten Gespräch tritt noch der Sozialist oder Kommunist Julius auf und im fünften Gerhard, ein konservativer Christ. Das sechste und letzte Gespräch findet zwischen Emil und Karl statt und endet mit einem Ausblick auf die Kirche der Zukunft.
In den ersten beiden Dialogen geht es um „Vernunft und Rationalismus" (S. 1—39) und „Vernunft und Glaube" (S. 40—67). Tholuck spricht fast mit den Worten Schleiermachers vom Wesen des Glaubens:
„Religion nämlich ist nichts anderes als der gefühlte Lebenszusammenhang mit Gott, das Gefühl der Abhängigkeit des endlichen Geistes vom unendlichen ... Nur abgeleiteterweise ist Religion die Sache des denkenden und wollenden Geistes, *zunächst* ist sie das Gefühl des Bezogenseins unseres Lebens auf Gott" (S. 60).

Aber er bleibt nicht bei bloß allgemeinen Gefühlen stehen, sondern bezieht diese sogleich auf die Versöhnung und den Hunger danach (S. 61 ff.).

Nun folgt der als Auszug III abgedruckte Dialog über die Bibel. Auch in ihm spitzt sich alles auf den Glauben an den Versöhner zu.

Es folgt als viertes ein wiederum sehr interessantes Gespräch über den „neuesten Fortschritt", worunter der Kommunismus zu verstehen ist, den Julius im Gespräch mit dem „Lichtfreund" Karl vertritt. Julius behauptet:

„Daß, wenn die Gesamtheit der Menschheit auferstehen soll, die modernen Bestimmungen des Eigentums und Erbrechtes fallen müssen, ist nicht mehr abzuleugnen. Der Kommunismus — oder, wie ich mit Bedacht lieber sagen will — Sozialismus — ist unleugbar die größte praktische Idee der Gegenwart, ihre Verwirklichung das letzte Ziel der Weltgeschichte" (S. 113).

Diesem Programm tritt der Rationalist mit gewichtigen Einwänden entgegen: Zunächst wird der Kommunismus die Religion nicht abschaffen können. Zweitens wird sich die Gleichheit aller nur als gleiches Elend aller verwirklichen lassen:

„Als weiland Babeuf das Panier des Kommunismus zuerst aufpflanzte, sollte zum Behuf geschwisterlicher Gleichheit eine strenge Zensur darüber wachen, daß ein spärlichstes Normalmaß von Kenntnissen von keinem Mitgliede der Genossenschaft überschritten würde, jetzt stellst du das höchste Maß der Bildung, sogar die philosophische, für alle in Aussicht. Da vorhandene Talente sich leichter niederhalten lassen als fehlende anbilden und anerziehen, so scheint es mir, daß der Franzose mehr Garantie für seine Verheißungen geben konnte" (S. 114 f.).

Das Gespräch berührt dann die Emanzipation der Frauen und den zukünftigen Staat. Tholuck hält einen solchen Staat für Utopie. Statt einer politischen Wiedergeburt, wie sie den Kommunisten vorschwebt, hofft Tholuck auf eine Wiedergeburt der Kirche. Dies klingt auf im fünften Gespräch (S. 126—192), das die Probleme der Absetzung von freigeistigen Pfarrern und Lehrzuchtverfahren überhaupt behandelt. Tholuck tritt für eine Bekenntnisverpflichtung der Pfarrer *vor* der Ordination ein (S. 184). Und er erkennt alle Anzeichen einer kirchlichen Erneuerung.

Dieser gilt das sechste und letzte Gespräch (S. 192—219). Tholuck sieht die Anzeichen der Neuwerdung der Kirche darin gegeben, daß der Rationalismus, der doch in ganz Europa die Fäden fest in der Hand hatte, allenthalben überwunden ist (S. 201 f.). Unter der rationalistischen Predigt „über Lebensveränderungskunst und preußisches Landrecht, nach dem Texte über die Hochzeit zu Kana über den weisen und unweisen Gebrauch hitziger Getränke, am Feste der Verklärung Christi auf dem Berge über den Genuß der Bergluft" (S. 202) war die Kirche fast zusammengebrochen. Und schon prophezeite ein 1818 erschienenes Buch,

„daß die Kirche am Ziele ihrer Wirksamkeit angekommen sei, an dem Punkte, wo ihre Tätigkeit von der Schule und von der Polizei übernommen werden müsse und mit größerem Erfolge übernommen werden werde" (S. 202).

So sehr hatte der Rationalismus die Kirche heruntergewirtschaftet. Man konnte nach menschlichem Ermessen eigentlich nur noch ihren Zusammenbruch abwarten.

Aber nun hat es Tholuck selbst erlebt, wie aus den Trümmern eine neue Kirche hervorgegangen ist!

„Hättest du einen noch deutlicheren Eindruck der fast totalen Alleinherrschaft des Rationalismus am Anfange dieses Jahrhunderts in Deutschland, und in Deutschland nicht allein, sondern ... in den meisten Teilen der protestantischen und sogar der katholischen Kirche: was du in unsrer Zeit von neu erwachtem Glauben siehst in allen Konfessionen, müßte dir noch viel mehr als ein Wunder vorkommen, als ein Zeichen jener Lebenserneuerungs- und Verjüngungskraft, die unaustilglich dem Christentum einwohnt" (S. 200).

Die felsenfeste Überzeugung von der Erneuerung der Kirche gründet im eigenen Erleben Tholucks. Er beschließt die Gespräche mit einem kühnen Ausblick auf die Kirche der Zukunft.

Eine ursprünglich beabsichtigte neue Folge der Gespräche über die Glaubensfragen hat Tholuck nie geschrieben. Es blieb bei dem „Ersten Heft". Und das war wohl gut so. Denn welch besseres Vermächtnis hätte Tholuck auch den Christen von heute hinterlassen können als diese Hoffnung auf eine neue, aus der Kraft des Auferstandenen lebende Kirche der Zukunft?

Dr. Reinhard Schinzer

GLAUBE UND SCHRIFT[1]

Emil   Du siehst mich bereit.

Karl   Und stände dein Glaubenszeugnis ganz so fest, als du meinst, wenigstens die Berechtigung zu den überschwenglichen Schlüssen müßte ich bestreiten, welche ihr darauf gründet.

Emil   Du meinst den Schluß von diesem tatsächlichen Beweise auf die Eingebung der heiligen Schriften? Laß mich nur bemerken, daß die Überschwenglichkeit dieses Schlusses auf *deine* Rechnung kommt, lieber Freund, nicht auf die meinige, du hast dich nämlich über einige notwendige Mittelglieder hinweggeschwungen. Der Gichtische, der durch den elektrischen Schlag die Gesundheit wieder erhalten hat, macht den

---

[1] Aus: Gespräche über die vornehmsten Glaubensfragen der Zeit, Halle 1846, S. 68—98.

Schluß, daß die Kraft der Elektrizität und die Maschine, von der sie ausging, kein Phantom der Einbildungskraft sei und die Richtigkeit *dieses* Schlusses wirst du ihm nicht abstreiten. So wirst du dem Gläubigen nicht die Berechtigung abstreiten, von der geistigen Heilung, welche durch den Glauben an die Person Christi auf die Gesamtheit seines Geistes ausgegangen, darauf zu schließen, daß diese Person und ihre Geschichte kein Phantom sei. Wie der Glaube an die Versöhnung durch den Gottmenschen von der Kirche der *seligmachende* Glaube genannt und somit als das Hauptstück des Glaubens ausgezeichnet ist, so ruht auch zunächst auf ihm der Glaube des Christen an die geschichtliche Wahrheit der Bibel. Den Glauben an die Apostel trägt der Glaube an Christum, welcher der nicht sein müßte, der er ist, hätte er den noch so zarten Keim seines Werkes Händen überlassen, die mehr daran verdorben als erzogen und denen er solche Zeugnisse ausgestellt, wie Matthäus 10, 40; Johannes 13, 20; 14, 26. 27; 16, 13. 14. Auch wissen diese Apostel wohl, was ihnen gegeben ist. *„Paulus, ein Apostel nicht von Menschen, auch nicht durch Menschen"* — diese Überschrift des Briefes an die Galater steht in ähnlicher Weise vor allen Briefen des Apostels, damit man wisse, daß man *Gottes* Wort lese; denen aber, die sein Wort als Gottes Wort zu nehmen sich weigern, ruft er zu: „So jemand sich bedünken läßt, er sei ein Prophet oder ein Geistbegabter, der bewähre es durch Anerkennung dessen, was ich euch schreibe, *denn es sind des Herrn Gebote*. Will aber jemand es nicht wissen, *der sei unwissend auf seine eigene Gefahr!"* (1. Kor. 14, 37. 38). „Wollt ihr die Probe haben, daß Christus in mir redet?" fragt er die Korinther (2. Kor. 13, 3). Dieser Schluß der Gläubigen von Christi Person auf die Beglaubigung der Apostel ist der zweite. Nun kann dieser Glaube an Christus und seine Apostel nicht bestehen, wäre die Schrift nicht *ein zuverlässiges Überlieferungsmittel* des Wortes Gottes an uns. So geht denn der Glaube zu dem dritten Schritt fort, den du als den ersten nahmst, zu dem Glauben an eine göttliche Mitwirkung, *durch welche unsere Urkunden ein zuverlässiges Überlieferungsmittel des Wortes Gottes an uns geworden,* das ist — zu dem Glauben an ihre *Inspiration.* Wenn, wie einst die, welche Christi Wort *hörten,* heut noch die, welche es *lesen,* ausrufen: „Es hat noch nie ein Mensch geredet, wie dieser Mensch", dürfen wir bezweifeln, daß wir dem Wesen nach es ebenso *lesen,* wie jene es *hörten?* Laß sein, daß die Akkordfolge und die Tonart bei den verschiedenen Evangelisten nicht immer übereinstimmte — auch wenn die Evan*gelisten* streiten, streitet doch nicht das Evan*gelium;* das musikalische *Thema* ist dasselbe und der *Effekt* ist derselbe bei allen, die seit achtzehn Jahrhunderten selig geworden sind. Wer nur irgend mit gesammeltem Herzen dem Totaleindruck der Evangelien sich hingibt, dem geht jetzt wie je aus den Trümmern Palästinas eine Lichtgestalt hervor, wie keine sonst jemals in eines Menschen Herz gekommen — keine verlebte, fremde Gestalt, sondern eine Gestalt, die jedem so innig nahe wird und wirkend dem Herzen nahe bleibt, tuend und ruhend, schlafend und wachend, im Leben und im Sterben. Wenn heut noch des Apostels Paulus Worte bei denen, welche es lesen, wie damals als er es schrieb, für die einen ein Geruch des Todes wird zum Tode, für die anderen ein Geruch des Lebens zum Leben, dürfen wir die Frage, die er aufwirft: *„Wer ist hierzu tüchtig?"* (2. Kor. 2, 16) nicht ebenso beantworten, wie er sie damals sich selbst beantwortet hat: Nur der Prediger des *unverfälschten* Gotteswortes?

Karl   Eine gewisse Berechtigung zu jenem Schlusse von der Wirkung des Schriftwortes auf die Wahrheit seines Inhaltes kann ich allerdings nicht in Abrede stellen. Ich sehe wohl ein, daß man euch nicht verwehren mag, so zu argumentieren: wenn der von den Evangelisten geschilderte Christus bis diesen Tag einen so einzigen und mit nichts anderem zu vergleichenden Eindruck auf das Gemüt jedes Empfänglichen macht, wenn er gerade durch diese Gestalt, in der er hier gezeichnet ist, Wirkungen auf den Menschengeist hervorgebracht hat, durch welche der Strom der Weltgeschichte in ein neues Bett geleitet worden ist, und dieser Christus wäre nicht *gewesen*, sondern nur von einem Matthäus, Johannes so *vorgestellt* worden, wäre es nicht eine Forderung der Gerechtigkeit, daß vom Geburtsjahr nicht Christi, sondern dieser Evangelisten aus die Christenheit ihre Zeitrechnung datierte?

Emil   Dies also gibst du zu? Dann übersieh nur nicht, wie du es bisher getan, daß die Wirkung dieser Lichtgestalt auf die Menschheit durch keinen Zug so wesentlich bedingt worden ist, als durch die *Königs*würde, die sie an sich trägt, welche du aber Lust bezeigtest, nur für einen eigenmächtigen, kühnen Pinselstrich der Evangelisten in das Porträt anzusehen. Mit Freuden nehme ich dabei aus deiner Rede ab, daß du nicht, wie so mancher andre, durch das was sie jetzt von den vielen Differenzen der Evangelisten untereinander reden, dein gesundes Urteil hast irreleiten lassen.

Karl   Dergleichen hat mich allerdings bisher nicht viel geirrt, außer daß mir das Evangelium Johannes nicht immer mit den anderen Genossen stimmen will. Darüber denke ich aber mit *Goethe:*

Vom Himmel steigend Jesus bracht'
des Evangeliums ew'ge Schrift,
den Jüngern las er sie Tag und Nacht —
ein göttlich Werk, es wirkt, es trifft.
Er stieg zurück, nahm's wieder mit,
sie aber hatten's gut gefühlt,
und jeder schrieb so Schritt vor Schritt,
wie er's in seinem Sinn gefühlt —
verschieden. Es hat nichts zu bedeuten,
sie hatten nicht gleiche Fähigkeiten,
doch damit können sich die Christen
bis zu dem Jüngsten Tage fristen.

Ob nun der Gottessohnzug ein wesentliches Stück der Wirkung seines Bildes auf die Christenheit ist? Nach der *Geschichte* gewiß, ob aber auch nach *Fug* und *Recht?* — Doch laß darüber uns nicht aufs Neue streiten, so wie auch über die *Inspiration* in *deinem* Sinne ich nicht weiter streiten will, wenngleich mir gar manche Fragen zurückbleiben, — du hast sie auf die bescheidene Formel eines *zuverlässigen Überlieferungsmittels* reduziert; so will ich es mir ebenfalls gefallen lassen. Ich eile auf den Stein des Anstoßes zu, über den ich am wenigsten hinweg kann.

Das Alte Testament

Euer Schluß geht noch weiter, er geht ja auch auf das *Alte Testament*. Man soll an das Neue Testament nicht glauben können, ohne das Alte mit in den Kauf zu nehmen: habe ich doch sogar einen gekannt, der mir gerade aus dem Alten Testament die Wahrheit und Göttlichkeit des Neuen *beweisen* wollte! Besteht ihr nun durchaus darauf, daß wer den Blumenboden der Artischocke schmecken will, auch ihre Schuppen mit verzehren muß, kein Wunder, daß die Gäste ausbleiben. Und wenn ich jemals dahin käme, das ganze Neue Testament, wie es da vor mir liegt, als Gottes Wort anzunehmen, wird mir das Alte Testament mit zugeschlagen, *den* Kauf mag und kann ich nimmer eingehen.

Emil   Ich kenne diese Schrecken vor dem Alten Testamente wohl und habe sie, mein lieber Karl, einst nicht weniger durchgemacht als du. Zum Teil, das laß mich zuerst bemerken, kommen sie nicht auf Rechnung des Alten Testaments, sondern der Theologen, jener Theologen, welche die Lehre zuerst aufgebracht, daß alles, was zwischen den zwei schwarzen Deckeln dieses Buches mitten innesteht, *in gleichem Maße* und *mit gleicher Vollmacht* Gottes Wort sei. Möchtet ihr Laien dieser Zeit doch nicht vergessen, daß so viele von euren harten Worten gegen die Bibel eigentlich nur *die Meinungen der Theologen* über die Bibel treffen und nicht die Bibel selbst. Ihr lästert wie weiland König Alfonsus der Weise von Kastilien, der da meinte, es würde die Ordnung des Weltsystems wohl etwas weiser ausgefallen sein, wenn man *seinem* Rate nicht vorbeigegangen wäre. Was war's indes, was den weisen, aber vorschnellen Mann zum Lästerer gemacht hatte? Das Weltsystem, wie es *Gott* gemacht hat? Nein, sondern das künstliche Epizykelnsystem der ptolemäischen Theorie, durch welches man die Planetenbewegung sich erklärte, solange man meinte, daß die Sonne um die Erde gehe. Weil das System der *Astronomen* ihn ärgerte, ließ er sich hinreißen, zum Lästerer des Systems des *Schöpfers* zu werden! Wie viele von euren Anklagen, ihr Laien dieser Zeit, welche lediglich die Systeme treffen, die von den Theologen gemacht sind, und nicht den Gott, von dem, dem letzten Grunde nach, die Bibel stammt!

Karl Das will ich mir wohl gefallen lassen, nur wenn sich's so verhält, so hoffe ich, daß ihr theologischen Systemmacher auch zur Übernahme eines Teiles unserer Schuld bereit sein werdet.

Emil Und mit Recht verlangst du das, allerdings haben wir Theologen einen ganzen Teil der Laienschuld der Gegenwart zu tragen. So gibt in dem Stücke, wovon wir reden, die Schrift selbst ein anderes Urteil über sich, als jene alten Theologen. Die Unvollkommenheit des Alten Testaments kann von niemand stärker ausgesprochen werden, als von dem Neuen. „Wäre jenes erste Testament untadelig gewesen", heißt es Hebräer 8, 7, „so würde nicht Raum zu einem andern gesucht." Den „lebendig machenden Geist" kann nach 2. Korinther 3, 6 nicht der alte Bund geben, sondern nur der neue. „Als wir noch *Kinder* waren", spricht Paulus Galater 4, 3, „waren wir gefangen unter den äußerlichen Satzungen", und denen, welche wieder zu solchen Satzungen sich zurückwenden, ruft er zu: „Wie wendet ihr euch denn nun wieder zu den schwachen und dürftigen Satzungen, welchen ihr von neuem dienen wollt?" (Gal. 4, 9). Hättest du das Alte Testament eingehender studiert, als dies der Fall sein wird, du würdest auf Aussprüche gestoßen sein, in denen dieses das was ihm fehlt selbst ausspricht und über sich hinausweist. Ich will dich nur auf zwei verweisen, dir mir sehr merkwürdig sind. „Siehe, es kommt die Zeit, spricht der Herr (Jer. 31, 31 ff.), da will ich mit dem Hause Israel und mit dem Hause Juda *einen neuen Bund machen*, nicht wie der Bund, den ich mit ihren Vätern machte, da ich sie bei der Hand nahm, daß ich sie aus Ägyptenland führte, welchen Bund sie nicht gehalten haben, so daß ich sie verwerfen (*Luther* sagt *zwingen*) mußte, spricht der Herr. Sondern, das soll der Bund sein, den ich mit dem Hause Israel machen will nach dieser Zeit, spricht der Herr: ich will mein Gesetz *in ihr Herz* geben und in ihren Sinn schreiben, und sie sollen mein Volk sein und ich will ihr Gott sein. *Und wird keiner den andern, noch ein Bruder den andern lehren* und sagen: Erkenne den Herrn, sondern sie sollen mich alle erkennen, beide groß und klein, spricht der Herr. Denn *ich will ihre Missetat vergeben* und ihrer Sünde nicht mehr gedenken." Erkennst du, wie klar dem Propheten vor der Seele steht, worin der Alte Bund mangelhaft war? Kennst du irgend eine Religion, die so über sich selbst hinausgewiesen hat auf eine höhere Stufe der Vollendung? Ein neuer Bund, ein neues *Verhältnis* Gottes zum Menschen wird also in Aussicht gestellt, weil das Volk in dem Alten Bunde keine Rechtfertigung erlangen konnte. Das Gesetz als *Gebot* vermochte nicht dem Menschen einen neuen Sinn zu geben, es blieb draußen *vor* ihm stehen: dann aber soll es in die Herzen übergehen und als ein Trieb von innen wirken; unterm Gesetze blieb eine große Kluft zwischen Lehrern und Lernenden, dann aber soll ein allgemeines Priestertum kommen, wo alle durch den Geist von innen Gelehrte von selbst den Weg zu Gott finden werden; das alles soll geschehen durch *die Vergebung der Sünde*. Sehr merkwürdig ist mir auch immer gewesen Sacharja 3. Dort steht der Hohepriester diensttuend vor dem Engel des Herrn und wird unrein befunden, der Satan klagt ihn an, aber der Herr macht ihn rein und setzt ihn und seine *Genossen die Priester* zu einem Vorzeichen des Knechtes Zemach (das will sagen: das *Gottesgewächs*, wie nach Jes. 4, 1; 11, 1 der Messias genannt ward), in dessen Tagen der Herr alle Sünden des Landes *auf einmal* tilgen will. So hat der Geist der Weissagung hier schon im Alten Bunde angezeigt, daß das levitische Priestertum — weil hier die Mittler und selbst der höchste unter ihnen, der Hohepriester, selbst noch mit der Sünde behaftet — nicht wahrhaft versöhnen könne, daß es aber seine Vollendung finden solle in dem sündlosen Mittler der Menschheit, welcher *auf einmal* (vgl. Hebr. 10, 11. 12) die Sünde der Menschheit versöhnt. Nimm also die Religion des Alten Bundes als das, wofür sie selber sich gibt, als „einen Schattenriß der zukünftigen Güter" (Hebr. 10, 1; Kol. 2, 17), und ich meine, deine wesentlichsten Bedenken müssen schwinden.

Karl   Das ist wohl vernünftig geredet und läßt sich hören, aber was verlangt ihr dann noch den *Glauben* ans Alte Testament? Ich meine, wer das ausgeführte Bild besitzt, der überläßt den Schattenriß den *Juden*, die eben nichts Besseres haben wollen. Nun begnügt ihr euch aber nicht einmal bloß damit, den Glauben zu fordern, daß jene alttestamentliche Religion ein für ihre Zeit zweckmäßiger Schattenriß gewesen, den Glauben verlangt ihr an das *Buch*, an dies Buch mit allen seinen unglaublichen Kindergeschichten!

Emil   Du achtest die Studien des Künstlers nicht gering, aus denen das Kunstwerk erwächst und du willst das Modell gering achten, nach welchem der Bau des Reiches Gottes gebaut ist, der in die Ewigkeit reicht? Du folgst mit Anteil den Bemühungen eines weisen und treuen Erziehers um ein verwahrlostes Kind, und du willst es für etwas Geringes achten, der Erziehertreue eines erbarmenden Gottes nachzugehen, wie sie vom Falle der Menschheit an eine ewige Erlösung der verlornen Kinder vorbereitet und auf jeder niedern Stufe hingedeutet hat auf die höhere Stufe? Du willst dich allenfalls dazu verstehen, in den religiösen *Anstalten* des Alten Bundes die erziehende Hand Gottes anzuerkennen und zu bewundern, aber von der *Geschichte* des Volkes, in welcher sie gegründet wurde, willst du nichts wissen, während doch diese religiöse Anstalt selbst ihre in die Schicksale dieses Volkes innig verwobene Geschichte hat? Du scheinst diese Geschichte nur als eine Tat der Menschen anzusehen und sie ist doch sichtlich eine Tat Gottes voll göttlicher Lehre und Warnung für die zukünftigen Geschlechter. *Kindergeschichten* nennst du verächtlich diese Geschichten, aber kannst du andere als solche in der Periode der Menschen erwarten, die Paulus die Zeit der *Kindheit* nennt? An den harten Bestrafungen und an dem sinnlichen Lohne Israels nimmst du Anstoß, aber kann Kindern der Vater anders nahen, als in der einen Hand den goldnen Apfel, in der andern die Rute? Du willst nicht zum Glauben an das *Buch* genötigt werden; wohlan, den erlasse ich dir, aber glaube an die erziehende Hand Gottes, welche in den Lehren und Geschichten dieses Buches, in seinen Gesetzen und Verheißungen offenbar wird!

Karl Du stellst deine Forderung nicht zu hoch, doch ist mein Ohr verwöhnt. Das Gezwitscher der Waldvögel mag ergötzen, so lange man nicht das Ohr an melodische Harmonien gewöhnt hat.

Emil Nicht doch, Freund, entschließe dich nur, mit einem feinen und andächtigen Ohr recht auf jenes Gotteswort zu horchen und was gilt's, du wirst aus diesem Vorspiel, mit welchem die Urkunden des Alten Testaments den Choral der neuen und vollkommnen Offenbarung Gottes einleiten, wirklich denselben Hauptton und dieselbe Melodie heraushören. Nimm nur gleich die ersten Kapitel jener ältesten geschriebenen Urkunde des menschlichen Geschlechts, vergegenwärtige dir die Wahrheiten, welche darin niedergelegt sind, und ich weiß nicht, ob du einen Augenblick wirst anstehen können, anzuerkennen, daß es derselbe Geist ist, der dort *anlegte*, was in der Fülle der Zeit das Neue Testament *ausgeführt* hat: Ein Gott und Schöpfer Himmels und der Erde; der Mensch das letzte der Geschöpfe Gottes, die Krone seines irdischen Schöpfungswerkes; alle anderen Dinge durch das Allmachtswort geworden, der Menschengeist durch den Hauch des Ewigen; der Mensch äußerlich das wehrloseste unter den Geschöpfen, durch seinen Geist eingesetzt zum Regenten der Welt; dort am Uranfang der Zeiten jenes tiefe Wort über die Ehe, welches bis zu diesem Tage die christlichen Ehebündnisse einsegnet; der unschuldige Mensch gefallen, weil er vom Baume der Erkenntnis des Guten *und* Bösen kosten wollte, einen andern Willen haben als Gott, und die Urkunde, welche mit solchen Wahrheiten beginnt[2] — ich habe dir nur die Hauptgedanken der ersten drei Kapitel des ersten Buches Moses angegeben —, sollte von einem andern Geiste eingegeben sein, als die des Neuen Testaments? — Es ist der *Heiland* gewesen, welcher gesagt hat: *„Das Heil kommt von den Juden"* (Joh. 4, 22), und ist es nicht von ihnen gekommen? Vor Jahrtausenden hat ein Seher jenes Volkes geweissagt: „Es wird zur letzten Zeit der Berg, worauf das Haus des Herrn ist höher sein denn alle Berge und über alle Hügel erhaben werden, und werden alle Heiden dahin laufen und viele Völker hingehen und sagen: Kommt, laßt uns auf den Berg des Herrn gehen, zum Hause des Gottes Jakobs, daß er uns lehre seine Wege und wir wandeln auf seinen Steigen. *Denn von Zion wird das Gesetz ausgehen und des Herrn Wort von Jerusalem"* (Jes. 2, 2. 3). Aber ist nicht das Christentum, das vom Berge Zion ausgegangen, diese Weltreligion, von der alle Völker lernen?

---

[2] „Es ist wie eine Zaubererzählung des glücklichen, leider verlorenen Traumes der Kindheit, und wundern Sie sich immer, wenn ich glaube, daß, so wie im ersten Schöpfungsstück die einfachste Naturphilosophie, Welteinrichtung und Menschenordnung, so in diesem die simpelste Philosophie über den verflochtenen Knoten der Menschheit, über seine disparatesten Enden und Winkel liege" *(Herder)*.

Karl   Ich will mich ja keineswegs gegen das Wahre und Gute verhärten, was hie und da im Alten Testament vorkommt, auch gern gestehen, daß manche liebliche Blume und manches nahrhafte Küchengewächs, das der Christenheit jetzt zugute kommt, ursprünglich von jenen Ufern des Toten Meeres stammt — ich will mehr sagen, daß Jesus einige der schönsten Wahrheiten aus dem Alten Testament zum Gemeingut der Menschheit gemacht hat! Damit glaube ich alles zugestanden zu haben, was ich kann. Aber euer Glaube wird andächtig sprechen:
Talismane wollt' er in das Buch zerstreuen,
durch und durch ein *Gleichgewicht:*
Wer mit *gläub'ger* Nadel sticht,
überall wird gutes Wort erfreuen.

Mein knapper Glaube kann nur sprechen: „*Wo's gut trifft,* mag gutes Wort erfreuen." Wie magst du aber in Abrede stellen, daß man's auch sehr *schlimm* treffen kann — wenn nun die Nadel auf den bewußten Esel oder auf die stillstehende Sonne trifft[3]? Vielleicht läßt du den gegenwärtigen Zeitpunkt als den rechten gelten, meine früher von dir zurückgewiesene Frage zu wiederholen: Glaubst *du* das? Warum antwortet denn eure Gläubigkeit heutzutage aus dem einen Munde *Nein,* aus dem andern *Ja* auf solche Fragen?
Emil   Daran zweifle nicht, daß du in einem Sinne und zwar in dem, *auf welchen es bei der Bibel gerade ankommt,* aus aller Munde nur ein einstimmiges Ja vernehmen wirst, wenn du nämlich fragst, ob wir an einen Gott glauben, der solche und viel größere Wunder für seine Kinder tun *kann* und wirklich *getan hat* — „*welcher auch seines eignen Sohnes nicht verschonet hat,* sondern hat ihn für uns alle dahingegeben, *wie sollte er uns mit ihm nicht alles schenken?"* Wenn nun aber viele von den Unsrigen die Antwort, ob Gott dieses

---

[3] Anspielung auf: 4. Mose 22 und Josua 10, 12. 13.

oder jenes Wunder getan habe, erst von der Untersuchung abhängig machen, 1. ob der Text der Erzählung uns auch wirklich ein solches Wunder berichten *wolle* und 2. ob die Urkunde, in der es erzählt ist, eine echte und glaubwürdige sei: willst du sie darum *ungläubig* nennen? Doch nur, wenn du, wie so viele, die *historische Leichtgläubigkeit* mit dem *religiösen Glauben* verwechselst. Wirst du sagen, daß der religiöse Glaube der Christenheit an Christi Wunderkraft Abbruch erleiden würde, wenn uns zufällig drei oder vier Wunder weniger von ihm erzählt wären?

Karl Es scheint freilich, daß der Glaube, der zum ersten Wunder sich verstanden hat, keinen Grund mehr haben kann, vor dem zweiten und dritten zu erschrecken, daß mithin auch der Kraft des Wunderglaubens durch Verminderung der *Zahl* der Wunder ebensowenig etwas abgehen, als durch ihre Vermehrung eine Stärkung zufließen kann.

Emil Wenn du also einstimmst, dann wirst du wenigstens dich der Ungerechtigkeit enthalten, welche wir von so manchen auf *unserer* Seite erfahren müssen, die mit mehr Eifer als Überlegung es sogleich auf Rechnung des Unglaubens setzen, wenn dieser und jener von uns durch eine abweichende Auslegung oder durch geschichtliche Prüfung einer Urkunde darauf geführt wird, entweder den Widerspruch eines Wunders mit den gewöhnlichen Naturgesetzen zu verringern oder die Zahl der Wunder zu beschränken. So gewiß ich davon überzeugt bin, daß Sonne, Mond und Erde still stehen werden, sobald es Gott gefallen sollte, einem betenden Menschen die Zuversicht ins Herz zu geben, darum zu bitten — denn soll nicht eine von *Gott* geschenkte Zuversicht allemal ihr Amen! schon in sich haben[4]? —, ebenso gewiß bin ich davon überzeugt, daß eines Josua Gebet nicht die Sonne still stehen ließ auf ihrer Bahn, sondern nur erflehte, beim Sonnenlichte dieses Tages und beim Mondenlichte dieser Nacht die Vertilgung

---

[4] Vgl. *Erdmann* Predigt über die Gebetserhörung. 1837.

des Feindes zu vollenden. Wie rationalistisch! höre ich euch ausrufen. Ich erwidere: wie textgemäß jedenfalls im Sinne jenes alten Heldenliedes, auf welches sich das Geschichtsbuch beruft! Denn warum anders soll denn auch der *Mond* stillstehen im Tale Ajalon, wenn nicht darum, weil der Feldherr, nachdem die Sonne untergegangen, die ihm von Gibeon aus zur Verfolgung des Feindes geleuchtet hatte, dann des Mondenlichts bedurfte, als er in Ajalon angekommen war? Wolltest du dir die Mühe nehmen, der Sache etwas weiter nachzufragen, du würdest sehen, daß Ajalon südwestlich von Gibeon lag (Jos. 21, 42), auf dem Wege, den die fliehenden Feinde wirklich einschlugen. Allein so viel Mühe lasset ihr es euch gewöhnlich nicht kosten, um euch selbst von einem solchen Anstoß und die Bibel von einer falschen Anschuldigung zu befreien[5].

Glauben durch die Bibel

Karl   Ich finde es schon schlimm genug, wenn so viel Mühe nötig, um die Steine ohne Zahl aus dem Wege zu räumen. Von *diesem* Wege möchte ich überhaupt abbrechen, bist du dagegen imstande, mir einen recht menschlichen und klar verständlichen Weg zu jenem Beweise des Geistes und der Kraft nachzuweisen und damit zu deinem Glauben selbst, so will ich dir gern zuhören.
Emil   Kein willkommneres Geschäft natürlich, als auf diese Frage zu antworten. Diese Antwort wird doch hoffentlich dazu beitragen, dein immer wiederkehrendes Grauen, daß dir eben nur der Glaube an ein *Buch* aufgenötigt werden solle, nachdem man ihm sein Recht angetan, völlig zu beseitigen. Also — der *Weg zum Glauben*, zum Glauben an Christus, ist

---

[5] In einem arabischen Dichter heißt es: Nimmer sah ich einen Schlachttag, wo häufiger waren die Angriffe. Und die Sonne sich länger weigerte, ihre Seile abzuschneiden.

unser Thema. Ich fühle immer, als ob ich vor dem größten Thema der Menschheit stünde, wenn ich an dieses Thema komme.

Karl   Und nicht weniger vielleicht auch ich. Ob nicht am Ende jeder tiefer sich besinnende Mensch? Was sagt das Weltkind *Goethe*? „Das eigentlich einzige und tiefste Thema der Welt- und Menschengeschichte, dem alle übrigen untergeordnet sind, bleibt der Konflikt des Glaubens mit dem Unglauben[6]."

Emil   Nach der Schrift besteht die *Ehre*, welche das Geschöpf seinem Schöpfer antun kann und der Weg zu seinem *Wohlgefallen* darin, daß es ihm *glaubt*. Es heißt von Abraham: *„Er gab Gott die Ehre, als er glaubte"* (Röm. 4, 20), und anderwärts: *„Ohne Glauben ist es unmöglich, Gott zu gefallen"* (Hebr. 11, 6). Da du mir selbst, wie ich sehe, bei diesem Thema so entgegen kommst, so möchte ich zunächst feiern, um *dich* zu vernehmen, was der Glaube dir sei.

Karl   Ich habe zwar mit mir noch kein förmliches Examen angestellt, doch bin ich bereit, da du es so wünschest, aus dem Frischen zu reden. Wird mein Rationalistenherz bei dieser Materie warm, so wirst du übrigens, schon ohne daß ich es dir sage, wissen, daß ich freilich den formulierten Dogmenglauben nicht meine, sondern jenen rein menschlichen religiösen Glauben, der so lange in der Welt ist und wirkt, als es Menschen in der Welt gibt. Manche, die von der Vernunft viel halten, meinen eben darum vom Glauben wenig halten zu müssen. Mit denen stimme ich gar nicht. Ich kann die Schwätzer nicht leiden, welche die Grenze ihrer eignen Weisheit auch für die Grenze der Welt halten. Ich glaube an eine verborgene Gottesstadt, von der, wie von Pompeji, erst etliche Gassen aufgedeckt sind, die noch verdeckten Schätze und Paläste halte ich fest im *Glauben*. Das Sprüchlein hat freilich Recht:

---

[6] Westöstlicher Diwan S. 424.

Ich glaub', ich wähn', ich mein', ich dacht'
hat manchen in groß Leid gebracht —
aber das andere hat auch recht:
Wer immer nur will erwägen und wiegen,
bleibt endlich auf dem Boden liegen.

Sehe ich's ja schon in irdischen Dingen, wie das Glauben wahrlich nicht ein so verächtliches und machtloses Ding ist, als wofür es manche auf meiner Seite halten, wiewohl wahrlich nicht die Besseren und Verständigen. Der Glaube ist eine Zauberkraft, die Abwesendes und Zukünftiges zu Gegenwärtigem macht und wirklich Berge versetzen kann. Der halb Genesene, der fest glaubt, daß er wieder gehen und hantieren kann, kann wirklich wieder gehen und hantieren; der Arzt, der an das Contagium nicht glaubt, wird wirklich nicht angesteckt; Columbus glaubte an eine neue Welt und er findet sie; wiederum der Hypochondrische, der den Glauben an sich selbst verloren hat, kann auch keine Feder aufheben; der Feldherr, der an seinem Glück verzweifelt, verliert die Schlacht; seit die Leute nicht mehr an den Teufel glauben, hat aller Teufelsspuk aufgehört. Ich sehe, daß es nie einen tüchtigen Menschen gegeben hat, ich meine einen, welcher in der Welt etwas ausgerichtet, der nicht auch eine starke Kraft des Glaubens gehabt hätte. Napoleon sprach: „Es hat kein Mensch einen stärkeren Glauben an die Vorsehung als ich." Als in einer glänzenden soirée in Paris im Winter vor dem Zuge nach Rußland der Kardinal Fesch, sein Oheim, ihn vertraulich ermahnte, abzustehen, öffnete der Kaiser das Fenster, an dem sie standen, wies nach dem Himmel und fragte: mon oncle, voyez vous cette etoile[7]? Auf das Nein des Kardinals entgegnete Napoleon: Eh bien, moi je la vois[8] und schloß das Fenster. Als nach der Schlacht bei Borodino der Glaube an diesen seinen Stern ihn verließ, war seine Sache verloren. So

---

[7] Mein Onkel, sehen Sie diesen Stern?
[8] Nun gut, ich sehe ihn.

ist der Glaube im alltäglichen Leben eine Zauberrute, welche das Unsichtbare sichtbar macht und das Zukünftige dem Geiste als Gegenwärtiges vor Augen stellt, eine Divinationskraft, ein prophetisches Vermögen. Ich wünsche, du mögest nichts Profanes darin finden, wenn ich mir den religiösen Glauben gerade ebenso denke.

Emil Wenn du nicht übersiehst, einmal, daß ein verschieden organisiertes Auge dazu gehört, um die sichtbaren Dinge *dieser* und um die unsichtbaren Dinge einer *andern* Welt zu schauen, und zweitens, daß die verschiedenen Objekte, die in das Glaubensauge fallen, *dem Geiste auch verschiedene Nahrung geben.*

Karl Das lasse ich schon gelten und sage also: der religiöse Glaube ist das Vermögen zu divinieren, was Gott *ist* und was Gott jetzt und in aller Zukunft wirkt. Wenn Johann Friedrich der Großmütige nach der Schlacht von Mühlberg, nachdem die Protestanten ihrer Stützen sämtlich beraubt und aufs Haupt geschlagen, er selbst gefangen, Reich und Krone verloren, dennoch in jenem christlichen Ritterliede, welches ich leider erst ganz vor kurzem kennengelernt habe, singt:
Und wenn ich schon wär' mitten
in Angst und Not,
läg' gar im Tod,
kann er mich wohl erretten
gewalt'ger Weis':
Soll's sein, so sei's,
ich g'winn's, wer nur will wetten! —
so sage ich: er hat aus tiefster Divination von Gottes Wesen auch diviniert, was Gott wirken wird und muß. Es war in keinem andern Sinne ein Prophet als Napoleon, nur daß dieser auf ein unbekanntes, ihm günstiges Geschick und jener auf den Gott der Bibel sein Vertrauen setzte. Was nun aber diese Glaubenskraft im Menschen sei und wodurch man sie bekomme? das ist eine schwere Frage. Der religiöse Glaube ist, wie es ja wohl auch in der Bibel heißt, eine feste Zuversicht — eine

feste Zuversicht, möchte ich sagen, bei welcher *die Stärke des inneren Gefühls das ersetzt, was der Evidenz der Sinnenerfahrung oder des Vernunftbeweises abgeht.* Ich komme also, wie du siehst, auf mein früheres Zugeständnis zurück, ohne jedoch von der Forderung irgend etwas nachzulassen, daß auch die heiligsten in der Tiefe des Herzens geborenen Gefühle erst an das Tageslicht der Vernunft treten müssen, damit sie über ihre Berechtigung und Bedeutung Rede stehen. Jene heiligen und echten Gefühle aber, welche auch vor der Vernunft sich ausweisen können — warum diese in der einen Brust geboren werden, in der andern, wie es scheint, keinen Boden haben, das weiß ich nicht, ob ich dem wohl manchmal schon nachgedacht habe. Scheint es nicht, daß es eben dem einen gegeben und daß es dem andern versagt ist? In der Körperwelt gibt es erstens solche Körper, welche lichtverwandt dem Lichtstrahl sofort sich öffnen, transparent und gleicher Lichtnatur teilhaftig werden, dann solche, welche, den Strahl brechend, das Licht in mannigfache Farben umwandeln, und endlich solche, die durch ihre finstere Natur jeden Lichteinfluß zurückstoßen und in der Nacht verharren: sollte es mit der Welt der Geister sich anders verhalten? Gründe wenigstens und Beweise, sie mögen den Glauben erwecken, aber ihn zu erzwingen vermögen sie ebensowenig als da, wo er ist ihn zu vertilgen. „Glaubt ihr etwa", sagt *Lichtenberg,* „eure Überzeugung habe ihre Stärke den Argumenten zu danken? Ihr irrt sicherlich, sonst müßte jeder, der sie hört, überzeugt werden, so gut wie ihr. — Der Trieb kommt uns — dem Himmel sei es gedankt — oft schon über den Hals, wenn wir mit dem Beweise der Nützlichkeit und Nötigkeit noch nicht zur Hälfte fertig sind." Ein La Place, der fast ein halbes Jahrhundert lang den gestirnten Himmel beobachtet und für die Gravitation der Planeten gegeneinander die Formel gefunden hat, hat doch *Gott* unter allen Sternen nicht finden können, und *Voltaire,* nach dessen Meinung ein sicherer *Griff der Hand* dem Menschen mehr Wahrheit gibt, als der kühnste

Flug des Geistes, dieser Voltaire spricht nichtsdestoweniger: „Wenn auf dem Markte von Paris ein Wunder geschähe, das ich mit meinen eignen Augen, und tausend Augen mit mir, sähe, eher würde ich dennoch den tausend und zwei Augen mißtrauen, als meiner Definition vom Wunder — daß man nämlich solche Ereignisse so nennt, *die nie geschehen können!*" Andererseits, als dem Rousseau seine atheistischen Freunde in Paris mit unwiderleglichen Gründen das Dasein Gottes bestreiten, sagt er: „Obwohl *ich* eure Gründe nicht widerlegen kann, weiß ich doch ganz gewiß, *daß es Menschen geben muß*, die sie widerlegen können." Es scheint mir der Glaube wie ein Kristallisationsprozeß, es muß immer ein Ansatzpunkt da sein, woran die Kristalle sich anschließen, es ist die Assimilation einer neuen, geistigen Nahrung zu den schon vorhandenen ähnlichen Säften. Nur der tugendhafte Mensch kann an Tugend glauben, nur der fromme Mensch an Taten Gottes; man glaubt dem Freunde nicht, man vertraut Gott nicht, weil man ein guter Rechenmeister ist, der Glaube ist vielmehr eine Kraft des dem Gegenstande verwandten Gefühls, die gegen alles Rechnen des Verstandes angeht, indem sie sich darüber erhebt. — Da hast du ein Laienräsonnement über mein Lieblingsthema, magst du nun die Naturlaute eines gläubigen Herzens auf die Noten der Wissenschaft bringen.

Emil   An deinem Texte weiß ich in der Tat nicht viel zu ändern, ich hoffe vielmehr, daß wir uns über diesem Text noch einmal die Hände zum Friedensschlusse werden reichen können. Das zwar ist gewiß, daß auch unser *Denken* durch eine innere Notwendigkeit zu dem Gedanken an Gott und alle objektive Wahrheit hingetrieben wird. Du siehst indes, wie ich dir schon bemerkte, vollkommen richtig, wenn du daran zweifelst, ob der Glaube notwendig an die Kette jener Schlüsse gebunden sei. Ein Glaubensvirtuose — laß mich ihn so nennen — wie Hamann spricht: „Wenn *die* Narren sind, die in ihrem Herzen das Dasein Gottes *leugnen*, so kommen mir die noch unsinniger vor, die es erst *beweisen* wollen." Ich sage noch mehr, den Gedanken an einen Gott, wie der Gott, zu welchem der Christ betet, wird das Denken nimmermehr aus sich entwickeln, wenn es nicht vom religiösen Leben, d. h. denn vom *Zeugnisse Gottes* in uns, getragen ist. Ein Neutrum irgendeiner Art, den Kreis eines allumfassenden Es wird das abstrakte Denken mit derselben Notwendigkeit finden, wie der Schulknabe den Einer, der in allen Zahlen kreist, aber kein Du. Warum nun in etlichen Geistern dies Gefühl nicht erwacht, fragst du? Als Sache des Virtuosen, des Talentes bist du geneigt, die Frömmigkeit anzusehen. Du hast recht, daß es stumpfe Herzen gibt, bei denen man sich dieses Eindrucks nicht enthalten kann. Allein ob dir nicht auch Leute vorgekommen sind, bei denen es einen bedünken will, als wären sie schlechterdings nicht für *Ehrlichkeit* oder für die *Nüchternheit* organisiert? Du weißt, was jener Trinker sagte: „Sie schuldigen mich, daß ich so viel trinke, statt daß sie mich beklagen sollten, daß ich so viel *dürste*", und die Vermutung jenes Diebes, daß zwischen seinen Fingerspitzen und Silber ein eigentümlicher magnetischer Rapport bestände. Nein, so wenig Sittlichkeit, ebensowenig kann Religion Sache eines speziellen *Talents* sein. Gaben und *Talente* sind verschieden ausgeteilt; in einem Leibe, der viele Glieder hat, muß auch jedes Glied sein eigen Geschäft und Gabe haben — wie wäre es sonst ein Leib? Habe *ich* nicht was der andere hat, so hat dafür auch wieder *er* nicht, was mir beschieden ist, und am Ende ist kein Dörfchen so klein, das nicht seine Kirchweih' hat. Doch anders steht es mit der Anlage zur Religion und Sittlichkeit, diese halten ja das Zepter, das alle Gaben und Talente regieren und zu einem göttlichen Ziele führen soll, daher auch, nach dem Zeugnisse der Historie, die Religion der *Quellpunkt*, die ursprünglich treibende Kraft gewesen ist, von welcher alle Künste und Wissenschaften ausgegangen sind! Hat auch jedes Leibesglied sein eignes Geschäft, so sollen doch alle an derselben einen Seele Anteil haben, wie könnten sie sonst einem Zwecke dienen? „Traurig", sagte Plato, „würde es um einen Staat aussehen aus Flötenspielern, Reitern, Kriegskundigen, wo jeder nur *seine* Kunst geltend machen wollte, aber nicht die *Erkenntnis des Besten.*" Es steht freilich geschrieben: „Der Glaube ist nicht jedermanns Ding", aber wahrlich nicht deswegen, weil der Gott, der nichts an dem Menschen so ernstlich richtet, als den Unglauben, etlichen Menschen den Glauben versagte, sondern — weil es Menschen gibt, die selig und selbstbefriedigt leben zu können meinen, auch ohne zu wissen, *wie sie zu Gott und wie Gott zu ihnen steht* — deren Seligkeit denn freilich auch danach ist! Wer ohne Gott sich selbst zu raten und zu helfen weiß, für den wäre freilich der Glaube ein Luxusartikel und noch dazu vielleicht ein recht unbequemer, den er sich nicht würde aufreden lassen. Ganz gewiß ist's daher, wie du sagst: „Der Glaube ist eine Kraft des dem Geglaubten verwandten Gefühls." Mit einem gesunden religiösen Glauben, der also nicht Aberglauben ist, verhält sich's gerade, wie mit einem *gesunden* Hunger, der verlangt nach keinen anderen Nahrungsmitteln, als solchen, die einen *nährenden* Stoff enthalten, welcher den animalischen Stoffen des menschlichen Leibes verwandt ist.

Karl   Aber Freund, wenn du nun darin zu meiner Freude mit mir so ganz Hand in Hand gehst, findest du nicht meinen Ingrimm gerechtfertigt, wenn sie mir sagen: „Hier nimm das Buch und glaube daran, es ist die Bibel"? — als käme es beim Glauben nur auf einen beliebigen *Entschluß* an! Selbst mit der Autorität Christi haben sie mich schrecken wollen. Da ist ein Ausspruch Christi: „So jemand will des Willen tun, der mich gesandt hat, der wird inne werden, ob meine Lehre von Gott sei." Dieser Wille Gottes, haben sie mir gesagt, ist der *Glaube* an Christus; ich habe *auf Probe glauben* sollen, alles, was in diesen ich weiß nicht wievielen Büchern steht, um hinterher zu erfahren, daß Christi Lehre von Gott sei! Ich bitte dich, kann denn ein Mensch *auf Probe glauben?* Kann ein Mensch *auf Probe lieben,* um *hinterher* zu erfahren, was der Gegenstand seiner Liebe wert sei? *Ich* meine: kein Mensch kann glauben, was er *will*, sondern nur, was er *kann*, d. h. was seinen Geist anzieht und was ihm einleuchtet, gerade, wie einer auch nicht lieben kann, was er will. Der Glaube ist das Echo, mit dem unsere Vernunft antwortet, wo die Vernunft von außen ihre Stimme erhebt. Gibst du mir auch hier Recht?

Emil   Wenn du dein letztes Wort auf das Verhältnis der Vernunft zur Bibel anwendest, so darfst du freilich nicht vergessen, was wir von den mancherlei Versuchungen gesagt haben, wodurch das göttliche Auge in uns zum *Schalks*auge wird! Übrigens hast du mich allerdings auf deiner Seite. Einen Glauben par force habe ich dir niemals zumuten wollen. Vielmehr ist deine Erfahrung ganz die meinige gewesen. Auch ich bin einst in die Hände solcher geraten, die mich zum Glauben *pressen* wollten, sie haben mir das Buch in die Hand gegeben und ich habe mich entschließen sollen zu glauben. Was ist Glauben? habe ich mich da gefragt. Eine andere Antwort wußte ich damals nicht, als die: *für richtig halten* alles, was hier schwarz auf weiß gedruckt steht. Es war mir damals ernstlich darum zu tun, eine Gewißheit über göttliche Dinge zu gewinnen, denn ich fühlte, daß es mit mir nicht stand, wie es sollte. Zwar, *an welcher Stelle* in dem innern Uhrwerk die zersprengte Kette sei, das wußte ich nicht, darüber bekommt auch der Mensch gewöhnlich nicht eher eine klare Einsicht, als bis er sie aus der Bibel selbst gelernt hat. Nur das wußte ich: ich war nicht glücklich, und ich hoffte durch den Glauben glücklicher zu werden. Die, welche mir zusetzten, waren wohlmeinende und achtungswerte Leute, so glaubte ich der Probe mich nicht entziehen zu dürfen. Ich stellte mich also vor die Bibel hin, ich fing vom ersten Buch Mose an und wollte redlich glauben von Kapitel zu Kapitel. Ich habe gestanden, ich habe geschluckt und geschluckt, und wenn ich meinte, nun wäre das Wort *in* mir, siehe, da stand es noch immer draußen vor mir auf dem Papier! Wer mir damals gesagt hätte, *was Glaube sei!* Wer mir gesagt hätte, daß der *religiöse* Glaube es allein mit den Geschichten und Wahrheiten zu tun hat, die sich, sei es näher, sei es entfernter, auf *unser Verhältnis zu Gott* beziehen, daß es einen *Haupt*artikel des Glaubens gibt, daß der *seligmachende* Glaube der Glaube an *Christus* ist! Wer mir gesagt hätte, daß das Wort *Glauben* schon seiner ursprünglichen Bedeutung nach nichts anders sagen will, als an etwas seinen *Schutz und Schirm haben*[9]*!* Aber ich habe lange Umwege machen müssen, ehe ich bis dahin gekommen bin. *Dir* werden diese Umwege erspart, lieber Freund. Fort also mit dem Gespenst, das dich schreckt! Als der zitternde Kerkermeister den Paulus fragt: „Was soll ich tun, daß ich selig werde?" da spricht der Apostel nicht: Glaube an alle heiligen Bücher der Juden! sondern *das* spricht er: „*Glaube an den Herrn Jesum Christum*, so wirst du und dein Haus selig" (Apg. 16, 31).

Karl   Ich folge dir mit befreiter Brust. Wohlan denn, ist euer „seligmachender" Glaube kein *exklusiver*, so ist er ein Stück vom allgemeinen menschlichen Glauben, so muß er auch seinen Ansatzpunkt in jeder Menschenbrust haben und nicht bloß in den Herzen etlicher Auserwählter. Zeige mir denn den Kristallisationspunkt in dem meinigen!

Emil   Ich nehme an, was du gesagt hast: der Glaube soll ein geistiger Kristallisationsprozeß sein. Sollte es uns indes schwer werden, den Kristallisationsprozeß in unserm Geiste zur völligen Klarheit zu bringen, laß uns bescheiden sein und nicht vergessen — schon im Reiche der *Natur* gehört der Kristallisationsprozeß für die Physiker zu einem von den vielen bei weitem noch nicht nach allen Seiten hin begriffenen Problemen! Sollte es dem Theologen geziemen, in dem Geständnis solcher Grenzen unsers Verstehens spröder zu sein, als den Forschern der Natur? Es ist indes so, wie du sagst, denn

---

[9] Galaubjan von der Wurzel Laub Schutz (vgl. *Bürgen von Bergen* Grimm II, 39), mit welcher auch das Wort *lieben* liuban „etwas in seinen Schutz nehmen" zusammenhängt — *Glaube* und *Liebe* also in der Sprache wie im Geiste aus einer Wurzel!

nur, *weil er göttlichen Geschlechts ist*, kann der Mensch an göttliche Wahrheit glauben.
Wär' nicht das Auge sonnenhaft,
wie könnt es denn die Sonne schauen?
Wär' nicht in uns die Gotteskraft,
wie könnten wir denn Gott vertrauen?

Es ist nicht etwa bloß unsere moderne Weisheit, die so urteilt, es ist *Paulus*, welcher sagt, daß die Heiden Gott fühlen und finden können, *weil Gott nicht ferne ist von einem jeglichen unter uns* (Apg. 17, 27). Weil Gott nicht ferne ist vom Menschengeiste, trägt der Menschengeist auch ein Zeugnis von Gott und aller göttlichen Wahrheit in sich. Dies Zeugnis hat die Sünde verdunkelt, aber nicht ausgelöscht, kraft dieses Zeugnisses zeugt auch der Vater in jedem Menschenherzen von seinem Sohne. Darauf beruft der Erlöser sich selbst in jenem Worte: „Es kann niemand zu mir kommen, es sei denn, *daß ihn ziehe der Vater, der mich* gesandt hat" (Joh. 6, 44). Kannst du einen deutlicheren Beweis dafür verlangen, daß Christus selbst vom Glauben nicht anders urteilt, als wir es getan haben? Du klagtest uns andere an, wir wollten auf Unkosten der Gaben des Vaters die des Sohnes erhöhen, sieh' hier, wie nach Christi eignem Worte die Anlage, die vom *Vater* stammt, auf die Befriedigung hinweist, welche der *Sohn* gibt. — Jenen, daß ich so sage, *eisenhaltigen* Punkt im Menschenherzen begehrst du nun zu wissen, auf welchen die Erscheinung des Erlösers magnetisch wirkt, so daß sie mit dem Herzen unzertrennlich sich vermählt? Ich will dir antworten — beiläufig sei dir bemerkt: auch die Schrift kennt eine ähnliche Ausdrucksweise, den Ausspruch Hebräer 4, 2 magst du nämlich auch so übersetzen: „denn das Wort der Predigt half jenen nicht, da es sich ihnen nicht durch Glauben *vermischte*."

Karl Das hieße also — sich vermischte, ebenso wie die Nahrung, um zu nähren, sich in den Milchsaft auflösen muß, um dem Leibe ganz eigen zu werden? Ich kann dir nicht sagen, wie mir das mehr als alles andere zu eurem Glauben Lust machen kann, wenn ich sehe, daß ich nicht unter eine starre Autorität geknechtet werden soll; ich muß mein eignes Fleisch und Blut in dem Geglaubten wiederfinden!

Der Hunger nach Gott

Emil Und warum sollte nicht Christus, wenn er das *Brot des Lebens* ist, so gut wie anderes Brot zu Fleisch und Blut des Menschen werden können? Und ist er das Brot des Lebens, so weißt du auch den Weg zu ihm, nach dem du fragst: „Ich bin das Brot des Lebens", spricht er, „wer zu mir kommt, der wird nicht *hungern*." Wer aber nicht *hungert* — und zwar mit einem *gesunden*, nach *nährendem* Stoff verlangenden Hunger —, der wird auch nicht zu ihm kommen. Der Mensch muß sehr unempfänglich für diese Wahrheit sein, denn in immer anderen Bildern ist sie auf allen Seiten wiederholt. „Die Gesunden bedürfen des Arztes nicht", „selig sind die geistlich arm sind", „zum Gericht bin ich in die Welt gekommen, daß die Blinden sehend werden", „wer nicht das Reich Gottes aufnimmt als in seiner Ohnmacht sich bewußtes Kind" — du wirst denselben Gedanken in den verschiedenen Hüllen wiedererkennen.

Karl Uns Rationalisten betrachtest du als noch nicht zu Christo gekommen, da wir nämlich in *deinem* Sinne nicht zu ihm gekommen sind — warum willst du uns aber den gesunden geistigen Hunger absprechen?

Emil Du weißt wohl, daß ich mich scheue, die Menschen bloß nach den Kapitelüberschriften zu richten, unter denen sie registriert sind, oder wohl auch sich selbst registriert haben, nach seinem innersten Wesen mag ja mancher von euch in ein anderes Kapitel gehören, als in welchem er steht. Nimm dir nichts an von dem, was ich sage, als was dich vielleicht trifft. Augustin hatte auch eine Zeit, wo er mit dem rechten

Hunger zur Schrift zu kommen meinte, von der er aber später doch bekennen mußte: „Da ich zuerst zur heiligen Schrift mehr grübelnden Scharfsinn als fromme, forschende Wahrheitsliebe brachte, verschloß ich mir selbst durch meine verkehrte Sinnesart die Tür meines Herrn. Statt anzuklopfen, daß mir geöffnet werde, wirkte ich vielmehr dazu, daß sie mir verschlossen blieb, *denn ich wagte, hochmütig zu suchen, was nur die Demütigen finden können.*"

Karl Nach deiner Meinung wäre also das forschende Verlangen nach einer Gotteserkenntnis der gesunde Hunger nicht, der zu Christo führt?

Emil Wenigstens *das* Verlangen nach Gotteserkenntnis nicht, welches sie nur begehrt, um sie zu *wissen*, um richtig zu *denken*. *Wie stehe ich zu Gott?* und: *wie steht Gott zu mir?* — wenn *die* Fragen nicht der Antrieb des Verlangens sind, zu wissen, *was* Gott sei und *wie* er zur Welt sich verhalte, so kann ich diesen Wissenstrieb als einen *religiösen* nimmermehr gelten lassen. Und ich meine, du stimmst mir bei? Bringt einer den bloßen, abstrakten Wissenstrieb zum Lesen der Bibel mit, dann wundere dich nicht, wenn er in den etlichen und sechzig Büchern der Bibel Gott und Christum ebensowenig findet, als ihn La Place fand unter allen den Sonnen und Milchstraßen des Himmels. Die Bibel ist nicht ein wahrsagendes Orakel, das auf alle möglichen Fragen die Antwort enthält. Eigentlich gibt sie nur auf eine Frage Antwort, auf die: *Wie kann ich ein Mensch Gottes werden?* Nur dazu ist sie da, ist sie von Gottes Geist eingegeben. „Alle Schrift von Gott eingegeben, ist nütze zur Lehre, zur Bestrafung, zur Besserung, zur Erziehung in der Gerechtigkeit, daß *ein Mensch Gottes sei vollkommen, zu allen guten Werken geschickt*" (2. Tim. 3, 16. 17). Wen ein solcher Hunger treibt, der wird nicht mehr so heftig erschrecken, sondern wissen, wie er's zu nehmen habe, wenn *Luther* von jedem Bibelleser verlangt, daß er zuvor seine eignen Waffen strecke und „an seinem eignen Sinn und Verstand stracks verzage".

Karl   Dies Lutherwort hat abermals seine spitzen Hörner. Ich will's aber hinnehmen, wie's gemeint ist. Du hast in der *Sache* mich auf deiner Seite. *Schief*fallende Sonnenstrahlen, auch wenn die Sonne der Erde noch so nahe kommt, wärmen nicht, und sie fallen schief, wo man von einem religiösen Orakel nichts weiter zu lernen begehrt, als wie man über gewisse Fragen *denken* muß.
Emil   Ich möchte hinzusetzen: im Reich religiöser Erkenntnis kann der Strahl der Wahrheit, wo er schief fällt, auch nicht einmal wahrhaft *erleuchten*. Und er fällt schief, wo der bloße Wissenstrieb die Frage aufwirft, was Gott sei, ohne die andere damit zu verbinden, wie *ich* zu ihm stehe.
Willst du die Höllenfahrt ins eigne Herz nicht wagen,
wird dich kein Himmelsflug ans Herz der Gottheit tragen!
Anstrengung des Blickes ist nicht das einzige, worauf es ankommt, um einen Gegenstand richtig zu erkennen, auch auf die *Stellung*, die ich zu ihm einnehme, kommt es an, so wie schnell sein noch nicht genug zum Laufen, geschweige zum Fliegen ist. „Ich kann fliegen!" rief der Strauß und das Heer der Vögel versammelte sich um ihn. „Ich kann fliegen!" rief er aus, schwang seine Flügel und schoß stolz dahin — *ohne aber auch nur einen Augenblick den Boden zu verlassen!*
Karl   Auch ich nehme keinen Abstand anzuerkennen, daß der sittliche Ernst der Hebel und die treibende Kraft sein muß bei allem religiösen Wissenstriebe. Was *Schiller* sagt:
Nimm die Gottheit auf in deinen *Willen*
und sie steigt herab von ihrem Weltenthron.
Emil   Daß die Gottheit zu dir herabsteige und dir innig nahe werde, das also ist das Ziel, dem dein sittliches Streben entgegenstrebt, in dem es erst seine Befriedigung sucht und findet? Wirst du meinem Schlusse nun entgehen können, daß also doch — wie ungern du es hörst — *Versöhnung*, *Friede* und *Einssein* mit Gott das Ziel auch deines religiösen Strebens ist? Und das ist nun auch die Speise, nach welcher hungern soll, wer zu Christo kommen will — freilich nicht, um in die-

sem Frieden träg zu *ruhen*, sondern vielmehr, um nun erst recht zu *tun*, denn nur ein Geist, der Frieden hat mit Gott und seiner Kindes*rechte* aus Gnaden gewiß geworden ist, kann rechte Kindes*werke* wirken.

Karl   Den rechten *Hunger* also würdest du mir nicht abstreiten, wohl aber, daß wir auf *unserem* Wege der Sättigung teilhaftig werden können? Ist's nicht so? Du hast mir nämlich das Zurückbleiben vorgehalten hinter jenen Geboten, welche ich selbst als die höchsten anerkenne. Dagegen streite ich nun auch nicht, aber gegen die Vorstellung einer so despotischen Gottheit streite ich, welche nur ihre *Forderungen* an die Menschen vor Augen haben soll und nicht die unvermeidlichen Hindernisse und Hemmnisse, welche sich ihnen entgegensetzen. Etliche Gewissensrichter haben es *Uhlich*[10] so schwer vergeben, daß dieser Mann bei allem Geständnisse seiner Schwäche, im Bewußtsein seines redlichen Willens und ernstlichen Strebens, mit seinem Gott dennoch in Frieden zu sein erklärt hat. Ich will nicht leugnen, daß diese Äußerung in einem Sinne genommen werden mag, bei welchem auch ich sie nicht von falscher Sicherheit und eitler Selbstzufriedenheit frei sprechen möchte. Aber wenn denn nichts andres damit gemeint ist, als das gute Bewußtsein von dem Ernst des Strebens? Kann der daran einen Anstoß nehmen, der den Gott der Christen, also nicht einen Despoten, sondern einen *Vater* der Menschen anbetet, welcher doch wahrhaftig den Menschen nicht nach diesem oder jenem unbewachten Worte oder nach etlichen verfehlten Handlungen würdigen wird, sondern nach jener Gesinnung, die sich als der — sei es goldne, sei es kupferne — Faden durch sein ganzes Wirken zieht? „Hab' ich des Menschen *Kern* erkannt, so weiß ich auch sein Wollen und sein Handeln" — nach diesem Wort habe ich mich seit langem gewöhnt, die Menschen zu beurteilen, nicht nach dem vergänglichen und wandelbaren Fleische, sondern nach dem

---

[10] Der Führer der „Lichtfreunde", Landpfarrer. Siehe die Einführung.

Knochengerüste des ganzen Charakters. Und wie die Portugiesen von *Gott* sagen, daß er *auch auf krummer Linie gerade zu schreiben weiß*, ebenso habe ich bei einzelnen Fehltritten und Verirrungen echter *menschlicher* Charaktere festgehalten: „der gute Mensch bleibt auf verkehrtem Wege sich seines rechten Zieles doch bewußt." Und sollte die Gottheit von welcher ja auch die Bibel sagt: „Gott sieht das *Herz* an", anders urteilen?

Glaube an den Erlöser

Emil Früchte machen freilich nicht den Baum gut und Werke nicht den Mann, sondern ein guter Mann macht gute Werke, darüber streiten wir nicht. Aber du hast da von so vielen hohen und edeln Dingen gesprochen: „der *redlichste* Wille, das *ernste* Streben, der *gute* Kern im Menschen" — mit allen diesen Dingen werde ich bei weitem nicht so leicht fertig, und scheinen sie mir bei weitem nicht so gemeine Güter unter den Menschen als dir. Doch bist du dessen gewiß, daß der Kern, das innerste Wollen bei *dir* gut ist, daß der Wille nie weniger redlich war, als er sein *konnte* und daß demnach alles, was alle Tage gefehlt wird, nicht auf *deine* Rechnung kommt, sondern auf die jener unüberwindlichen naturnotwendigen Hemmungen und Hindernisse, von denen du sprichst, dann, Freund, schweige ich still, du bist dann besserer Art als wir anderen, für dich ist dann allerdings der Erlöser, unter dessen Kreuz die gläubige Kirche sich gesammelt hat, *nicht* Bedürfnis.

Karl Das wäre wohl große Blindheit, wollten wir der durchgängigen Reinheit und Redlichkeit unsers Willens uns rühmen, so ist natürlich nicht gemeint, was ich und andere vom guten Kern des Menschen sagen, ich gebe ja freilich auch an dem Besten Fehltritte, Gesinnungen und Gelüste zu, die Reue fordern, aber wenn uns denn einmal auch die Bibel anweist, in den Vätern der Erde das Abbild *des* Geistes anzuschauen, der dem Menschen sein Dasein gab — welcher vernünftige Vater wird sich weigern, die einzelne Unlauterkeit des Willens seinem Kinde zugute halten, sobald er das Kind im allgemeinen auf rechtem Wege weiß?

Emil   Im *allgemeinen?* — das also wäre deine Zuversicht, wenn du im Geiste vor Gott trittst? Das wäre der Trotz deines guten Gewissens, wenigstens *„ein im allgemeinen guter Mensch"* zu sein? Ich habe einen besseren Glauben an deinen sittlichen Ernst, als daß ich dies annehmen könnte. Wenn der Regent der Erde, wie Kaiser Sigismund, spricht: „Wer nicht *übersehen* und *überhören* kann, taugt nicht zum Regieren", so willst du *das* auf *den* Regenten übertragen, der einen Stellvertreter in die Menschenbrust gestellt hat, das Gewissen, dem er nur zum *Bestrafen* die Vollmacht verliehen, nicht zum *Vergeben?* — Sei es indes auch, du sollst für deine Person das Recht haben, dich dieser Zuversicht zu erfreuen; solltest du aber jene Predigt von allen Kanzeln verkündigt haben wollen? Wie elastisch dieses „im allgemeinen" ist, wie vieles oder weniges von dem, was *nicht sein sollte,* es in sich beschließen kann — brauche ich dir das erst zu zeigen? Und du erkenntest nicht, wie schlimm es um das Recht in dem Prozesse steht, wo der Schuldige, der Anwalt und der Richter nur ein und dieselbe Person sind? Ja wohl sieht Gott das Herz an, denn er verlangt ja ein *reines* Herz, und das beruhigt dich? Vielmehr — wüßte ich, daß er nur das ansähe, was *ein Mensch* am andern sehen kann, nämlich nicht das *Herz, sondern* nur die *Werke* und die *Worte,* mich würde das viel eher beruhigen können.

Karl   Du machst mich oberflächlicher als ich bin. Fast scheinst du mich jenen moralischen Gecken zuzuzählen, die ausgefüttert mit Vollkommenheiten, mit einem Kalender voll Tugenden mehr als Tage im Jahr, dem Weltgericht Gottes mit selbstzufriedener Miene entgegenschreiten, als ginge es nur wie zu einem Galatage. Es war ein ungeschickter Ausdruck,

der mir entglitt, laß ihn fahren. Glaube mir, daß der Leichtsinn, der mit sich selbst so äußerst schnell befriedigte, den ich um mich her sehe, mich mehr verletzt als eure, wenn auch noch so große alttestamentarische Strenge. Ich weiß genug von den Gerichten, die sich alle Tage und nicht bloß in der Menschenbrust, sondern auch im Leben selbst vollziehen, um nicht eine ernstere Ansicht von Gott zu haben.
Verflucht, wer mit der Sünde spielt —
wenn's nur ein Spiel gewesen,
in herbem Ernste werden sie es büßen müssen.
Das spreche ich auch, wo's mit der Sünde so leicht genommen wird. Es ist wahr, was, glaube ich, schon einer von den Alten sagt, daß die göttliche Gerechtigkeit nur wie auf Socken durch die Geschichte diesseits geht, aber ich weiß es, daß sie auch manchmal einen eisernen Tritt erklingen läßt, bei welchem dem harthörigen Frevler beide Ohren gellen. Ein Beispiel aus den Papieren — nicht eines Berliner Betbruders, sondern eines Helden der Berliner Salons ist mir noch in frischer Erinnerung[11]. So ganz oberflächlich, als du meinst, denke ich also nicht über diese Materie, obschon meine unvorsichtig gewählten Worte diese Meinung verschuldet haben mögen. Von einem andern Weltgericht über die Sünde weiß ich freilich

---

[11] In *Barnhagen's* Denkwürdigkeiten Th. I. S. 458 f. wird folgende Mitteilung gemacht: „Was dort in den „Bekenntnissen einer schönen Seele" von einem ausgezeichneten Manne, der dort mit dem Namen *Nareiß* bezeichnet ist und von seinem Verhältnisse zu der schönen Seele gesagt ist, beruht auf tatsächlichen Erlebnissen, die durch dichterische Einkleidung nur wenig ausgeführt worden. Der Mann, welcher Fräulein von Klettenberg heiraten wollte und mehrere Jahre als ihr Bräutigam in ihrer Nähe lebte, war ein Herr v. *Oehlenschläger*; ein geborner Frankfurter. Fr. v. Klettenberg hatte seinen Charakter früh durchschauet und wußte es lange vorher, daß er sich von ihr zurückziehen würde. Sie sprach dies auch unbefangen mehrmals gegen ihn aus und bat ihn nur um die einzige Aufrichtigkeit, daß er ihr nicht verhehlen möchte, wenn er einem andern Frauenzimmer gewogen würde, sie wünschte dies zuerst von ihm zu hören und würde ungern durch andere damit überrascht werden. Er war bestürzt, ver-

nicht, als dem in ihren *Folgen*, worunter ich indes allerdings auch mit begreife die äußeren Verhängnisse Gottes, doch dieses Gericht macht sich schon diesseits spürbar genug. Wenn ich nur an den Fluch denke, der an der ersten Sünde wider besseres Wissen haftet, wie dem Menschen, sobald er Gott den Rücken kehrt, sofort der Teufel sein Angesicht zeigt; wie, wer Gott etlichemal, wenn er ihn grüßen wollte, aus dem Wege ging, ihn so schwer am Wege wiederfindet; wie verschmähte Sonnenstrahlen zu Blitzen werden und der überhörte Liebesruf zum Donnerschlage — kurz, ich weiß, daß Gott sich nicht die Augen verbinden läßt, ich glaube an ein die Sünde rächendes Verhängnis Gottes. Dem Lohne für *verschuldete* Unlauterkeit des Willens will ich mich nicht entziehen. Nur daß ich die Macht der Verhältnisse, die Schranken des sinnlichen Lebens, die Gewalt der Verführung beim Abmessen unsrer Schuld viel höher anschlagen muß als du. Aber noch einmal: dem Lohne für *wirklich verschuldete* Unlauterkeit des Willens will ich weder diesseits noch jenseits mich entziehen. Mag denn jedwedes verschuldete unreine Werk und Wort, mögen denn selbst die verschuldeten Regungen und Neigungen des Herzens diesseits und jenseits den Lohn empfangen, den sie wert sind, aber warum deshalb verzagen?

legen und mochte und konnte den Ausspruch, der ihn frei gab und jene Möglichkeit setzte, nicht ablehnen. Er versprach, den billigen Wunsch genau zu erfüllen, beteuerte, daß er jetzt noch keineswegs in dem vorausgesetzten Falle sei, und fügte unaufgefordert, durch sein böses Gewissen gereizt, die Verwünschung hinzu, wenn er falsch rede, solle *sein erster Sohn taub und blind zur Welt kommen!* Fr. v. Klettenberg schauderte und verwies ihm den Frevel, den sie nicht hören wollte, zweifelte aber nun nicht an seiner Falschheit. Sie sah ihn nicht wieder. Nach einiger Zeit verheiratete sich Herr v. *Oehlenschläger*, traf eine seinem Sinne und seinen Verhältnissen sehr entsprechende Partie. Weitere Umstände in Betreff seines Versprechens gegen Fr. v. Klettenberg sind nicht bekannt. Nun ergab sich die schreckliche Tatsache, daß Frau v. *Oehlenschläger* in ihrem ersten Wochenbette mit einem Sohne niederkam, *der taub und blind war!"*

Warum deshalb sich fürchten vor dem Gott, der, auch wo er Unlauterkeit und Sünde die verdienten Folgen treffen läßt, die Fehltritte und ihre Folgen selbst in Segen zu verwandeln wissen wird?

Emil Wohl, wenn du darauf deinen Trost beschränkst, den wehre ich dir nicht, wenn der trösten kann. Nur das wirst du mir zugeben: ein Menschenherz, das den Ernst täglicher Selbstprüfung nicht scheut und das genau in dem Maße des Mißfallens Gottes sich bewußt ist, als verschuldete unreine Werke, Worte, Gedanken und Neigungen es vor Gott verklagen, das kann ein Herz nicht sein, welches *Frieden* und *Versöhnung* mit Gott genießt. Ja freilich, wenn du an dem *falschen* Frieden dir genügen lassen wolltest, in dem die Hunderttausende dahingehen, die erst an den Forderungen Gottes so viel abgedungen haben, bis sie ihnen gerecht geworden, oder welche die Kunst verstehen, dem Anwalt des göttlichen Gesetzes, den Gott uns in das Herz gegeben, aus dem Wege zu gehen, so oft er seine Stimme erheben will! Aber von solchem Frieden spreche ich auch nicht, der nur ein verdeckter Krieg ist, von solcher Ruhe, aus der früher oder später notwendig die verborgene Unruhe hervorbrechen muß, von solcher Gotteskindschaft, welche die Kindes*rechte* kühnlich in Anspruch nimmt, während sie sich die Kindes*pflichten* leichtsinnig aus dem Sinn schlägt. Du siehst, Freund, darauf kommt eben alles an, wie einer mit dem Ankläger in seinem Gewissen fertig wird. Unmittelbar nach jenem Worte des Herrn: „Es kann niemand zu mir kommen, es sei denn, daß ihn ziehe der Vater", folgen die bedeutungsvollen, leider von Luther nicht deutlich genug übersetzten Worte (Joh. 6, 45): „Es steht geschrieben in den Propheten: sie werden *alle* von Gott gelehrt sein. Wer nun den Vater (in seinem Innern) hört und lernet von ihm, der kommt zu mir." Es gibt also nach jenem Prophetenwort, auf das sich Christus bezieht, eine allen ohne Unterschied vernehmbare Belehrung des Vaters, die zum Sohne hinweist: das ist die Stimme des Gewissens, die unwiderstehbar jedem, der sie nicht überhören will, verkündigt, daß er eines Versöhners bedarf, der erst zu göttlichen Kindes*rechten*, dann zu göttlichem Kindes*leben* hilft. Fragst du aber, warum diese Belehrung, obwohl von allen vernommen, dennoch nicht alle zu Christo hinführt — „und *lernet* von ihm", in dieser Bedingung vernimmst du die Antwort.

Karl Auch dieses Wort Jesu beziehst du also auf jene Versöhnung, auf welche du immer wieder als auf den Mittelpunkt zurückkommst? Warum aber soll nur *da*von jene innere Stimme des Vaters zeugen, warum soll mir nicht gestattet sein, an jene innere Stimme der sittlichen Natur des Menschen zu denken, welcher die erhabene Sittenlehre Jesu entgegenkommt? So wenigstens möchte ich jenes andere Wort Christi erklären, welches sie mir, um mir den Glauben abzuzwingen, einst vorgehalten haben: „So jemand will den Willen des tun, der mich gesandt hat, der wird inne werden, ob diese Lehre von Gott sei oder ob ich von mir selber rede" (Joh. 7, 17): daß diese Sittlichkeit, wie sie von Jesu gelehrt und geübt worden, den einzelnen Menschen verklärt und die Gemeinschaft, welche sich in dieser Gesinnung zu einem Reiche Gottes ausbaut, zu der denkbar vollkommensten macht, dies ist mein höchster Beweis des Geistes und der Kraft, dies die magnetische Gewalt, welche mich an Jesu Person fesselt und den Glauben an sein Wort mir vermittelt.

Emil Ich leugne gewiß nicht, daß auch von diesem Punkte aus Christus eine anziehende Kraft auf den Menschen ausübt — es gibt so viele Wege zu der Sonne als sie Strahlen wirft. „Wer die Wahrheit tut, der kommt an das Licht, daß seine Werke offenbar werden, denn sie sind in Gott getan", heißt es ja im Evangelium (Joh. 3, 21). Was auch im natürlichen Zustande der Mensch von Licht in sich trägt, das wird von diesem vollkommnen Lichte angezogen und in demselben kann es erst nach seiner wahren Beschaffenheit offenbar werden. O teurer Freund, diese Begeisterung bei euch Rationalisten für Christi Sittenlehre und seine ganze sittliche Erscheinung, *wo sie mehr ist als eine bloße Schülerphrase*, sie ist ja ganz gewiß ein Zug vom Vater zum Sohne. Ist sie nicht das Geständnis, daß diese Menschheit, wie sie in Christo war, unser aller Ziel ist, daß unser Leben nur dann mit Gott versöhnt ist, wenn Christi Leben unser Leben geworden? Laß dieses uns die *positive* Versöhnung durch Christum mit dem Vater nennen, weist diese nicht aber von selbst auf die *negative* zurück, auf die Aufhebung des Zwiespaltes, der uns in unserm Selbstbewußtsein von Gott trennt? Denn je mehr, durch Christum vermittelt, das Bild einer himmlischen Reinheit des einzelnen Menschen und der menschlichen Gemeinschaft dem suchenden Geist aufgeht, wird nicht in demselben Maße desto stärker das Gefühl des Abstandes dadurch in seinem Innern erwachen? O daß nur denen allen, die mit dir auf einem Standpunkt stehen, die Sittenlehre Christi selbst zu demselbigen Zwecke dienen möchte, zu welchem nach Paulus den Juden das Gesetz gegeben war, daß es ihr Zuchtmeister werde auf Christum (Gal. 3, 24). „*Die Furcht Gottes*", sagt die Schrift, „ist der Weisheit Anfang", sie beruht auf dem Bewußtsein des *Gegensatzes*, die *Liebe* ist erst das Ende des Weges, sie beruht auf dem Bewußtsein der Gemeinschaft. Siehe, gerade das ist der Sinn, in welchem der Herr eben jene Worte, auf welche du dich bezogst, zu den ungläubigen Juden gesprochen hat. Mit jenem Willen Gottes, den sie aus dem Gesetz kannten, sollte erst Ernst gemacht werden, dann würden sie's wohl auch erkennen, daß sie des *Erlösers* vom Gesetz, vom äußern Gebot und von der Anklage nicht entbehren könnten.

Karl Ich denke, Freund, wir lassen dies das Ziel des ersten Schlachttages sein; ich fühle das Bedürfnis, dem erst *nachzudenken*, was du mir *vorgedacht* hast, ob es sein Echo finde in meinem eignen Geist. Ob ich *verwundet* von dem Schlachtplatz trete? — ich denke, du weißt es selbst, daß die Wunden nicht in der Hitze des Streites, sondern erst, *wenn er vorüber ist*, empfunden werden.

LITERATURVERZEICHNIS

Die am besten zugängliche Ausgabe der Hauptschriften Tholucks ist in elf Bänden 1862—1872 bei Friedrich Andreas Perthes in Gotha als „Dr. August Tholucks Werke" erschienen. Diese Ausgabe wird als GW zitiert. In der folgenden Aufstellung der Schriften Tholucks vermerken wir, soweit das feststellbar ist, welche Schriften in die GW aufgenommen sind und in welchem Band sie stehen. Die GW sind, und darauf ist zu achten, Neuauflagen früherer Werke, die z. T. in einem Band zusammengebunden sind, aber keine fortlaufende Paginierung haben, sondern die Paginierung der Einzelschriften beibehalten. Bei den Predigten ist nicht genau festzustellen, unter welchem Titel und in welchen Heften sie früher erschienen sind. Sie stehen in GW Bd. II—VI.

A. Schriften Tholucks

I. Selbständige Veröffentlichungen

1. Sufismus sive Theosophia Persarum pantheistica, Berlin 1822.
2. Einige apologetische Winke für das Studium des Alten Testaments, Berlin 1821.
3. Das Wesen und die sittlichen Einflüsse des Heidentums, zuerst in August Neander, Denkwürdigkeiten aus der Geschichte des Christentums und des christlichen Lebens Bd. I, Berlin 1822 S. 1—217. Selbständig als „Der sittliche Charakter des Heidentums" Gotha 1867 und GW Bd. 8, S. 1—91.
4. Die Lehre von der Sünde und vom Versöhner, oder die wahre Weihe des Zweiflers, Hamburg 1823, 2. stark veränderte Auflage 1825. = GW Bd. 1, 176 und X Seiten (Insgesamt 9 Auflagen).
5. Auslegung des Briefes Pauli an die Römer nebst fortlaufenden Auszügen aus den exegetischen Schriften der Kirchenväter und Reformatoren, Berlin 1824, XXX und 514 S. (Insgesamt 5 Auflagen).
6. Eine Stimme wider die Theaterlust, nebst den Zeugnissen der teuren Männer Gottes dagegen, des sel. Phil. Speners und des seligen A. H. Francke, 46 S., Berlin 1824.
7. Blütensammlung aus der morgenländischen Mystik nebst einer Einleitung über Mystik überhaupt und morgenländische insbesondere, 327 S. Berlin 1825.

8. Umschreibende Übersetzung des Briefs Pauli an die Römer, 52 S., Berlin 1825.
9. Die spekulative Trinitätslehre des späteren Orients. X u. 76 S. Berlin 1826.
10. Kommentar zu dem Evangelio Johannis, 361 S., Hamburg 1827 (Insgesamt 7 Auflagen)
11. Predigten. 1. Heft. Zehn Predigten in Berlin, Rom, London und Halle gehalten, 95 S., Berlin 1829.
12. Beiträge zur Spracherklärung des Neuen Testaments, zugleich eine Würdigung der Rezension meines Kommentars zum Briefe an die Römer von Dr. Fritzsche, 158 S., Halle 1832.
13. Noch ein ernstes Wort an Dr. Fritzsche in Rostock; als Beilage zu dessen zweiter Streitschrift, 31 S., Halle 1832.
14. Weckstimmen für das Evangelische Missionswerk, von R. Stier und August Tholuck, 52 S., Halle 1834.
15. Eine Sammlung von Predigten, in dem akademischen Gottesdienste der Universität zu Halle in der St. Ulrichskirche gehalten. 183 S., Hamburg 1834.
16. Philologisch-theologische Auslegung der Bergpredigt Christi nach Matthäus, zugleich ein Beitrag zur Begründung einer rein biblischen Glaubens- und Sittenlehre, 544 S., Hamburg 1833.
= GW Bd. 10, Gotha 1872 als „Die Bergrede Christi", 406 S. (5. Aufl.).
17. De vi quam graeca philosophia in theologiam tum Mohammedanorum tum Judaeorum exercuerit, Teil I, 23 S., Hamburg 1835.
18. Predigten in dem akademischen Gottesdienste der Universität Halle in der St. Ulrichskirche gehalten. Zweite Sammlung, 238 S., Hamburg 1836.
19. Kommentar zum Briefe an die Hebräer, 460 S., Hamburg 1836.
20. Das Alte Testament im Neuen Testamente (zwei Beilagen zu dem Kommentare zum Briefe an die Hebräer), Hamburg 1836.
= GW Bd. 10 (zugleich 6. Auflage, zweiter Abdruck), 104 S., Gotha 1872.
21. Die Glaubwürdigkeit der evangelischen Geschichte, zugleich eine Kritik des Lebens Jesu von Strauß, 478 S., Hamburg 1837.
22. Predigten in dem akademischen Gottesdienste usw. Dritte Sammlung, 217 S., Hamburg 1837.
23. De vi quam Graeca philosophia in theologiam tum Muhammedanorum tum Judaeorum exercuerit, Teil II. De ortu Cabbalae, 32 S., Hamburg 1837.
24. Predigten gehalten im akademischen Gottesdienste der Universität Halle in der Domkirche. Vierte Sammlung Hamburg 1838 (224 S.).

25. Predigten über Hauptstücke des christlichen Glaubens und Lebens. Neue Ausgabe der vier Sammlungen (Nr. 15, 18, 22, 24) in zwei Bänden, Hamburg 1838.
= GW Bd. II, Gotha 1863, XXXVIII und 276 S.; Bd. III, 316 S. (5. Aufl.).
26. Vermischte Schriften größtenteils apologetischen Inhalts. Zwei Teile, 471 und 482 Seiten.
= GW Bd. IX, Gotha 1867, 247 S. (Gekürzte 2. Auflage). Enthält Aufsätze, die zuvor im Litterarischen Anzeiger erschienen waren.
27. Stunden christlicher Andacht. Ein Erbauungsbuch, Hamburg 1839/40
= GW Bd. 7, Gotha 1863 (7. Auflage), 592 S.
28. Zur Charakteristik rationalistischer Polemik. Eine Beleuchtung der Schrift: „Wie Dr. Tholuck die Schrift auslegt, wie er beten lehrt und dichtet", 49 S., Halle 1840.
29. Predigten, gehalten in dem akademischen Gottesdienst der Universität Halle, Zweite Folge, 1. Sammlung, 224 S., Hamburg 1840.
30. Rede am Hallischen Reformations-Jubelfest bei der akademischen Feier in der Aula gehalten, Halle 1841.
31. Predigten, gehalten in dem akademischen Gottesdienst der Universität Halle, Hamburg 1842.
32. Aug. Tholuckii disputatio de Thoma Aquinate atque Abaelardo interpretibus Novi Testamenti 23 S., Halle 1842.
33. Übersetzung und Auslegung der Psalmen für Geistliche und Laien der christlichen Kirche, 372 S., Halle 1843; 2. Aufl. 758 S., Gotha 1873 = GW Bd. 11.
34. Vier Predigten über die Bewegung der Zeit, gehalten im akademischen Gottesdienste usw., Halle 1845.
35. Sechs Predigten über religiöse Zeitfragen, gehalten im akademischen Gottesdienste usw. 1845—46, Halle 1846.
36. Gespräche über die vornehmsten Glaubensfragen der Zeit, 218 S., Halle 1846.
= GW Bd. 8, Gotha 1865 (2. Aufl.) S. 95—280.
37. Predigt am Totenfeste und zum Anfange des neuen akademischen Halbjahrs 1846, Halle 1847.
38. Predigten über die neuesten Zeitbewegungen. Erstes Heft, Halle 1848.
39. Predigten über die neuesten Zeitbewegungen. Zweites Heft, Halle 1848.
40. Aug. Tholuckii Disputatio theologica de loco Pauli ad Phil 2, 6—9, 22 S., Halle 1848.
41. Predigten über die neuesten Zeitbewegungen. Drittes Heft, Halle 1851.

42. Die Bibel. Leipzig 1851, in der Reihe „Unterhaltende Belehrungen zur Förderung allgemeiner Bildung" Bd. 4.
43. Facultas theologica Vitebergensis. Caloviorum aetate acerrime sanae doctrinae vindex, ab intestinis dissidiis haud immunis, Halle 1851.
44. Der Geist der lutherischen Theologen Wittenbergs im Verlaufe des 17. Jahrhunderts, 444 S., Hamburg und Gotha 1852.
45. Das Heidentum nach der heiligen Schrift. Vortrag 16 S., Berlin 1853.
46. Die Mystik. Vortrag 30 S., Halle 1853.
47. Vorgeschichte des Rationalismus. Erster Teil: Das akademische Leben des 17. Jh. mit besonderer Beziehung auf die protestantisch-theologischen Fakultäten Deutschlands, Erste Abteilung. Die akademischen Zustände, 337 S., Halle 1853.
48. Literarum a Spenero ad A. H. Franckium datarum spec. I, Halle 1854.
49. Vorgeschichte des Rationalismus. Erster Teil, Zweite Abteilung: Die Geschichte der deutschen, skandinavischen, niederländischen, schweizerischen Hohen Schulen, 408 S., Halle 1854.
50. Literarum a Spenero ad A. H. Franckium datarum spec II., Halle 1857.
51. Die Verdienste des Christentums um die Zustände des weiblichen Geschlechts. Vortrag zum besten der neu errichteten Hallischen Diakonissenanstalt, 24 S., Halle 1857.
52. Lebenszeugen der lutherischen Kirche aus allen Ständen vor und während der Zeit des Dreißigjährigen Krieges, 462 S., Berlin 1859.
53. Die Propheten und ihre Weissagungen, 212 S., Gotha 1860.
= GW Bd. 9 (2. Auflage), Gotha 1867.
54. Gewissens-, Glaubens- und Gelegenheitspredigten, 324 S., Berlin 1860.
55. Zuschriften an Herrn Pfarrer Hirzel auf dessen „Gruß aus der Ferne" (Zeitstimmen 1861 Nr. 3), 11 S., Winterthur 1861.
56. Vorgeschichte des Rationalismus. Zweiter und letzter Teil. Das kirchliche Leben des 17. Jahrhunderts bis in die Anfänge der Aufklärung. Erste Abteilung: Die erste Hälfte des 17. Jahrhunderts bis zum Westfälischen Frieden, 323 S., Berlin 1861.
57. Vorgeschichte des Rationalismus usw. Zweiter Teil, zweite Abteilung: Die zweite Hälfte des 17. Jahrhunderts, 271 S., Berlin 1862.
58. Geschichte des Rationalismus. Erste Abteilung: Geschichte des Pietismus und des ersten Stadiums der Aufklärung, 185 S., Berlin 1865.

59. die Liebe höret nimmer auf. Predigt über Römer 13, 8. Halle 1870.
60. Aug. Tholuck commentatio de causis quibusdam gravioribus quibus theologiae rationalis progressus inde a dimidio saec. XVIII adiutus est, Halle 1870.
61. Osterprogramm 1871 der Univ. Halle-Wittenberg. Die Konsequenz der Reden Christi über seine Zukunft und sein Gericht, Halle o. J.
62. Die Gebetserhörung. Vortrag, Berlin 1872, 14 S.

II. Zeitschriftenaufsätze:

(Wir geben nur die Zeitschriften und Jahrgänge an, in denen sie zu finden sind. Genauere Aufstellung bei Leop. Witte, Bd. II, 539—542)

1. Litterarischer Anzeiger für christliche Theologie und Wissenschaft überhaupt. Hrsg. A. Tholuck, 20 Jahrgänge 1830—49, zahlreiche Beiträge.
2. Theologische Studien und Kritiken. Jg. 1832, 1835, 1836, 1839, 1840, 1855, 1867.
3. Deutsche Zeitschrift für christliche Wissenschaft und christliches Leben (erschienen ab 1850). Jg. 1850, 1851 (zwei), 1852 (zwei), 1853 (drei), 1858, 1859, 1861.
4. Evangelisches Jahrbuch (erschienen ab 1850, Hrsg. Ferdinand Piper). Jg. 1851, 1861, 1865.

III. Lexikonartikel: Realencyclopädie für protestantische Theologie und Kirche (1. Aufl. ab 1854; 2. Aufl. ab 1877) enthält zahlreiche Artikel Tholucks besonders zur neueren Theologiegeschichte.

IV. Von Tholuck herausgegebene Schriften:

1. Der Freund Israels. Eine Zeitschrift für Christen und Israeliten, Jg. 1824 und 1825.
2. Wichtige Stellen des Rabbinischen Buches Sohar im Text und mit Übersetzung, nebst einigen Anmerkungen, 74 S., Berlin 1824.
3. Cäcilius und Octavius oder Gespräche über die vornehmsten Einwendungen gegen die christliche Wahrheit, von Karl Friedrich Göschel, Berlin 1828.

4. Litterarischer Anzeiger für christliche Theologie und Wissenschaft überhaupt. 20 Jahrgänge 1830—1849, alle von Tholuck herausgegeben.
5. Johannes Calvin, In omnes Pauli Apostoli Epistolas atque etiam in Epistolam ad Hebraeos Commentarii, 2 Bde., 1831.
Johannes Calvin, In Epistolas Novi Testamenti Catholicas, 1833.
Johannes Calvin, in Novum Testamentum Commentarii, Bd. 1—4 (zu den Evv und der Apg), 1833—34, als Bd. 5—7 die drei erstgenannten in neuer Auflage.
Johannes Calvin, Institutio Christianae Religionis, 2 Bde., Berlin 1834—35.
Johannes Calvin, In librum Psalmorum Commentarii, 2 Bde., Berlin 1836.
6. Leben Johann Wilhelm Fletchers, Pfarrers zu Madlay (aus dem Englischen), Berlin 1833.
7. Leben Georg Whitfields (aus dem Englischen), Leipzig 1835.
8. Der Staat in seinem Verhältnis zur Kirche, von W. E. Gladstone (aus dem Englischen), Halle 1843.
9. Sonntags-Bibliothek. Lebensbeschreibungen christlicher frommer Männer zur Erweckung und Erbauung der Gemeinde, 8 Bde., Bielefeld 1844—61.
10. Worte an Seelsorger, von Horatius Bonar (aus dem Englischen), Halle 1861.

B. *Literatur über Tholuck*

1. Leopold Witte, Das Leben D Friedrich August Gotttreu Tholucks, 2 Bde, Bielefeld und Leipzig 1884 und 1886. Auf diesem Buch fußen fast alle anderen Arbeiten.
2. Martin Kähler, August Tholuck, ein Lebensabriß, Halle 1877.
Martin Kähler, Tholuck, RE 2. Auflage, Bd. XV, 1885, S. 560—568.
Martin Kähler, August Tholucks Gedächtnis, Leipzig 1899.
Martin Kähler, Mittelstraße 10. Erinnerungen an August und Mathilde Tholuck, Halle 1899.
3. G. Frank, August Tholuck, in: Allgemeine Deutsche Biographie, Bd. 38, 1894, S. 55—59.
4. K. Barth, Die protestantische Theologie im 19. Jh., Hamburg 1975, S. 433—442 (1. Aufl. 1947, Vorlesung von 1932—33).
5. H. Stephan, M. Schmidt, Geschichte der dt. ev. Theologie seit dem deutschen Idealismus, Berlin 1960, S. 113—115 (1. Aufl. von H. Stephan 1938).

6. Emanuel Hirsch, Geschichte der neuern evangelischen Theologie, Bd. 5, Gütersloh 1954, S. 103—115.
7. Martin Schellbach, Tholucks Predigt, Berlin (Ost), 1956.
8. Hans-Joachim Kraus, Geschichte der historisch-kritischen Erforschung des AT, Neukirchen 1956, 2. Auflage 1969, S. 215—217.
9. Werner Jentsch, Handbuch der Jugendseelsorge, Teil I, Geschichte, Gütersloh 1965, S. 320—331.
10. Gerhard Ruhbach, in memoriam August Tholuck, Deutsches Pfarrerblatt, Jg. 74/1974, S. 183—184.

Eine Fachzeitschrift für evangelische Jugendarbeit
des CVJM-Gesamtverbandes in Deutschland

— erscheint alle zwei Monate

— Themen: Bibelarbeiten, Grundsatzartikel,
Informationen und Praxishinweise

— Zielgruppe: Ehrenamtliche und hauptamtliche
Mitarbeiter und Mitarbeiterinnen
in der Gemeinde

Ein Redaktionskreis fachkundiger Autoren entwickelt die
Konzeption für jede Ausgabe, worin jeweils ein bestimmtes
Thema für Theorie und Praxis aktuell behandelt wird.

Herausgeber: Matthias Dannenmann
Redaktionsbeirat: Friedhardt Gutsche, Heidi Krause,
Wilfried Kroll, Peter Neumann, Dieter Roll,
Dr. Reinhard Schinzer, Jürgen Werth, Wiland Wiemer

CVJM-Gesamtverband in Deutschland,
Im Druseltal 8, 3500 Kassel

KARL-HEIM-HAUPTWERK

*DER EVANGELISCHE GLAUBE
UND DAS DENKEN DER GEGENWART*
Grundzüge einer christlichen Lebensanschauung

Glaube und Denken (Band 1)
Philosophische Grundlegung einer christlichen
Lebensanschauung
224 Seiten, Linson

Jesus der Herr (Band 2)
Die Herrschervollmacht Jesu und die Gottesoffenbarung
in Christus
200 Seiten, Linson

Jesus der Weltvollender (Band 3)
Der Glaube an die Versöhnung und Weltverwandlung
232 Seiten, Linson

Der christliche Gottesglaube und die Naturwissenschaft
(Band 4)
Grundlegung des Gespräches zwischen Christentum
und Naturwissenschaft
244 Seiten, Linson

Die Wandlung im naturwissenschaftlichen Weltbild (Band 5)
Die moderne Naturwissenschaft vor der Gottesfrage
264 Seiten, Linson

Weltschöpfung und Weltende (Band 6)
Die Weltzukunft im Lichte des biblischen Osterglaubens
200 Seiten, Linson

AUSSAAT VERLAG